요괴

대도감

Yogoe Picture Book

미즈키 시게루

목차
· · · · · · · · ·

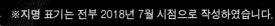

※지명 표기는 전부 2018년 7월 시점으로 작성하였습니다.

유명한 요괴

 제 1 장

요괴라고 하면, 머릿속에서
이름과 모습이 바로 떠오르는
유명한 요괴 36마리를 소개한다.
당신은 소개된 요괴 중에서 몇 마리나 알고 있을까?

아카나메(あかなめ)

욕실 청소를 하지 않고 놓아두면, 요괴 아카나메(あかなめ)가 온다. 이
요괴는 욕조에 달라붙은 때를 할짝할짝 핥는 것을 좋아하기 때문이
다. 사람을 공격하지 않으며, 욕실 외의 장소에는 나타나지 않는다.
그러나 이러한 모습의 요괴가 집안에 나타나서, 당신의 때를 핥고 있
다면 기분이 불쾌할 것이다. 그러니 욕실은 항상 깨끗하게 청소해두
자!

아즈키아라이(小豆洗い)

일본 대부분 지역에서 전설로 전해지는 요괴다. 강변이나 다리 밑에 나타나서는 「차르륵 차르륵」 팥을 씻은 것 같은 소리를 낸다. 때로는 「팥을 씻을까? 사람을 잡아먹을까? 차르륵 차르륵」거리며 노래를 부르기도 하지만, 정말로 사람을 잡아먹는지는 알 수 없다. 사람 눈에 띈 적은 거의 없고, 지역에 따라서는 '무지나(ムジナ, 너구리나 오소리처럼 생긴 요괴를 지칭함-역주)'나 혹은 '두꺼비'의 짓이라고 일컬어진다.

아부라스마시(油すまし)

쿠마모토(熊本)현의 아마쿠사(天草) 지방에서 목격된 요괴다. 지팡이를 짚고 있으며, 기름이 들어간 병을 가지고 있다. 할머니가 아이를 데리고 산길을 걸으며 「옛날에는 이 근방에서 아부라스마시(油すまし)가 나왔다고 해!」라고 말을 하자, 「지금도 여기 있지!」라는 목소리와 함께 바스락 바스락 수풀을 가르며, 아부라스마시가 나타났다고 한다.

잇탄모멘(一反もめん)

약 10m 정도의 하얀 무명천이 나풀나풀 공중에 떠다닌다. 전혀 무섭게 보이지 않아서, 사람에 따라서는 「아아, 빨랫감이 날아다니고 있구나!」라고 여기게 된다. 하지만, 얕잡아봐서는 안 된다. 방심하면 그 틈을 타서 목을 휘감아 조르거나, 얼굴을 덮어서 질식시킨다. 눈 깜짝할 사이에 목숨을 빼앗겨버리게 되는 것이다. 저녁부터 밤사이에 잘 나타난다고 한다.

우미보우즈(海坊主)

일본 각지의 바다에서 나타나는 요괴다. 출현하는 지역이나 시대에 따라 다양한 호칭으로 불리고 있다. 공통점은 검고 거대하다는 것으로 눈에서 빛이 나고 부리가 있는 타입, 눈도 입도 코도 없는 타입 등 세세한 부분은 저마다 가지각색이라고 한다. 운 나쁘게 우미보우즈(海坊主)와 조우해버린 경우, 그 모습을 봐서는 안 된다. 무심코 「저게 뭐야!」라며 손가락질했다가는, 눈 깜짝할 사이에 배가 뒤집혀 버리게 된다.

오토로시(おとろし)

빈집은 어딘가 으스스하고 무언가가 숨어 있는 것만 같은 낌새가 느껴진다. 그런 집을 들여다 볼 때, 갑자기 커다란 것이 쿵 하고 떨어지는 경우가 있다. 이것이 요괴 오토로시(おとろし)다. 얼굴은 오니(鬼)를 닮았고, 얼굴과 몸은 붉은 색이라고 한다. 본래는 신을 지키는 요괴로, 신사 같은 곳에 머물면서 장난을 치는 사람을 혼낸다. 때로는 혼나던 사람이 죽게 되는 경우도 있다고 하니 조심하자!

카사바케(傘化け)

옛날에는 우산을 종이와 대나무로 만들었다. 그리고 그러한 우산이 오래되면 요괴 카사바케(傘化け)가 된다고 여겨졌다. 대부분의 카사바케는 눈 하나, 발 하나를 가지고 있는 것으로 알려지지만, 개중에는 눈 두 개에 털이 자란 타입도 있다고 한다. 뿅 뿅 하고 뛰듯이 나타나 헛바닥을 메롱 하고 내밀며 히죽 웃어서, 사람을 놀라게 한다. 무섭다는 느낌보다 친근한 느낌이 드는 요괴다.

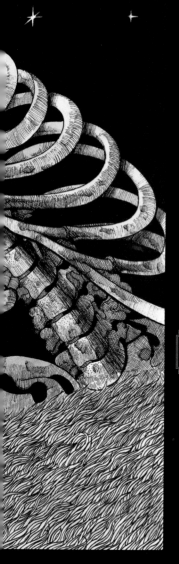

가샤도쿠로(がしゃどくろ)

살해당했거나 객사하여 매장되지 못한 망자들의「원한」
이 합쳐지면, 가샤도쿠로(がしゃどくろ)라고 불리는 거대
한 해골 모습의 요괴가 된다. 낮에 활동하는 경우는 없
고, 밤이 되면「딱딱, 달그락 달그락」소리를 내며 걸어
다니다가 사람을 발견하면 덤벼든다.「무서운 점」에서
는 톱클래스의 요괴다.

캇파(河童)

물가의 요괴 중 인기 넘버원으로, 일본 대부분 지역에서 전설이 확인되고 있다. 손가락과 발가락에 물갈퀴가 있어 헤엄치는 것을 잘하고, 말을 강에 끌어들이는 등의 장난을 매우 좋아한다. 스모를 좋아하는 것 또한 캇파(河童)의 공통적인 특징으로, 사람에게 승부를 걸어오기도 한다. 다만, 나쁜 캇파가 되면 시리코다마(尻子玉, 옛 사람들이 항문 근처에 있다고 믿었던 구슬-역주)를 빼내러 온다고 하니, 조심하도록 하자!

◆235페이지부터 「캇파(河童)의 동류」를 소개.

간기코조우(がんぎ小僧)

강가에 살며, 물고기를 가장 좋아하는 요괴다. 어떤 물고기라도 머리부터 통째로 으드득으드득 씹어 먹을 정도로, 이빨이 단단하고 날카롭다. 이 요괴의 근처를 지나가는 사람은 준비해두었던 물고기를 던져주고 지나갔다고 한다. 그러나 등 뒤에서 물고기를 깨물어 먹는 으드득으드득 소리를 들으면 무서워서 등골이 서늘할 것이다. 의외로 귀여운 얼굴을 하고 있지만, 가까이 가지 않는 편이 현명하다. 캇파(河童)의 동류로 보이지만, 다른 종족이라 추정된다.

키지무나(キジムナー)

오키나와(沖繩)에서만 살며, 가쥬마루(ガジュマル, 뽕나뭇과 상록교목을 오키나와에서 부르는 명칭-역주)라고 불리는 나무의 정령으로 일컬어진다. 갓난아기 정도의 크기이며 온몸에 털이 나 있고, 불을 다루는 것이 특기라고 한다. 물고기나 게를 잡아먹는 것을 아주 좋아하고, 물고기의 한 쪽 눈만 파먹는 독특한 습성을 가지고 있다. 나하(那覇)시의 슈리(首里) 지역 주변에는 키지무나(キジムナー)가 깃든 나무 아래에 감자를 놓아두면, 일주일 정도 후에 친구가 된다는 전설이 있다.

🌀 쿠치사케온나(口裂け女)

커다란 마스크를 한 여자가 뒤돌아보면서 묻는다.「저기, 나 예뻐?」
그리고 마스크를 벗으면, 귀까지 찢어진 거대한 입이……! 1979년경
에 돌연 나타난 쿠치사케온나(口裂け女, 입이 찢어진 여자라는 뜻-역주)는 일
본 전국에서 목격담이 잇따랐다.「포마드라고 3번 외친다!」,「벳코우
아메(べっこう飴, 쿠치사케온나가 좋아하는 것으로 알려진 사탕의 종류-역주)라는
사탕을 준다!」등의 이상한 대처법도 널리 퍼져서 크게 유행했다가,
어느 날 갑자기 사라져 버렸다.

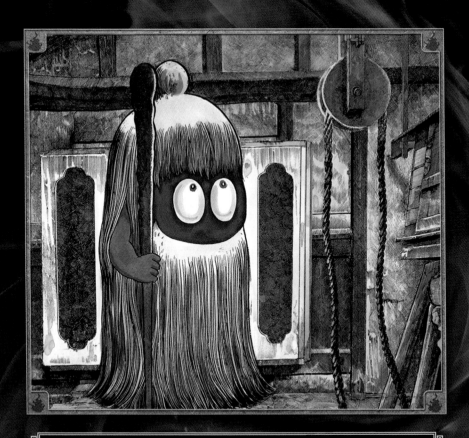

쿠라봇코 (倉ぼっこ)

토호쿠(東北) 지방에는 커다란 저택의 창고에 살고 있는 요괴 쿠라봇코(倉ぼっこ)가 있다. 이 요괴는 가끔씩 소리를 낼 뿐, 딱히 나쁜 짓은 하지 않는다. 하지만, 쿠라봇코가 떠난 집에서는 좋지 않은 일이 일어난다고 전해진다. 그렇기 때문에 어느 집이나 이 요괴를 소중히 여기고 있는 것 같다. 발자국이나 목소리 때문에 아이 같다는 이야기도 있지만, 모습을 보게 되는 경우는 드물고 대부분은 기척으로만 존재를 느꼈다고 말한다.

케우케겐(毛羽毛現)

사람이 아무도 없을 때만 햇볕이 잘 들지 않는 안마당 등에 나타나기 때문에 이 요괴와 만나는 것은 매우 어렵다. 마루 밑처럼 축축한 장소를 매우 좋아하는데, 케우케겐(毛羽毛現)이 집에 있으면 그 집안의 가족 중에서 아픈 사람이 생긴다고 전해진다. 사람을 직접 공격하는 일은 없지만, 유해한 요괴이다.

코나키지지이
(子泣きじじい)

「응애 응애」, 인적 드문 산속에서 아기 우는 소리가 들린다. 「구해야 해!」라는 마음으로 서둘러 아기를 찾아 안는다. 하지만, 아기로 보였던 것은 요괴 코나키지지이(子泣きじじい)였다. 당황하여 요괴를 떼어놓으려 해도 강한 힘으로 달라붙어 떨어지지 않고, 무게도 50관에서 100관(약 375kg)이나 되어 움직일 수 없게 된다. 그렇게 지쳐 쓰러지면 마지막에는 사람의 생명을 빼앗아 간다.

코로폭쿠루(コロポックル)

홋카이도(北海道)를 중심으로 생활하는 아이누족 사람들 사이에서 전해지는 요괴다. 이름은 아이누족 어로 「머위 잎사귀 아래에 사는 사람」이라는 의미이며, 몸이 아주 작은 요괴다. 홋카이도에서 자라는 머위는 잎사귀가 우산으로 쓸 수 있을 만큼 큰데, 코로폭쿠루(コ로ポックル)는 그 한 장의 잎사귀 아래에 여러 마리가 들어가 행동한다고 한다. 매우 착한 성격으로, 못된 장난도 치지 않는다.

자시키와라시(座敷童子)

쿠라봇코(倉ぼっこ, 18P)라는 이름이 창고에서 나타나는 어린아이 모습의 요괴를 뜻하는 것처럼, 자시키와라시(座敷童子)도 자시키(座敷, 일본식 집에서 손님을 접대하는 방·역주) 방에서 나타나기 때문에 이 이름이 붙여졌다. 이 요괴가 있을 땐 집이 번영하고, 없어지면 가난해져 버리는 것 또한 비슷하다. 장난을 치는 것도 가족이 자는 동안 베개를 뒤집거나 자고 있는 위치를 옮기는 정도로, 크게 나쁜 장난은 하지 않는다. 어른에게는 모습을 거의 보이지 않지만, 어린아이에게는 모습을 보이는 경우가 많다고 한다.

슈노본(朱の盤)

옛날 옛적, 아이즈(会津) 지방의 스와노미야(諏訪の宮) 신사에 슈노본(朱の盤)이라는 무서운 요괴의 소문이 돌았다. 한 젊은 무사가 스와노미야 신사의 앞을 조심히 지나가고 있을 때, 무사 한 명이 앞에 보였다. 마음이 든든해진 젊은 무사가 「이 주변에는 무서운 요괴가 나온다는군요」라고 말을 걸자, 무사는 「이렇게 생긴 요괴 말이죠?」라며 뒤돌아보았다. 새빨간 얼굴과, 이마에 난 외뿔! 그 무사의 정체는 슈노본이었다. 다급히 도망쳐서 집에 돌아가 아내에게 그 사실을 이야기했더니, 아내는 「이렇게 생긴 요괴 말이죠?」라며 대답하며 얼굴을 보였다. 아내의 얼굴은 붉게 물들어 있었고 이마엔 한 개의 뿔이…. 젊은 무사는 무서움에 쓰러져 시름시름 앓다가 이내 죽었다고 한다.

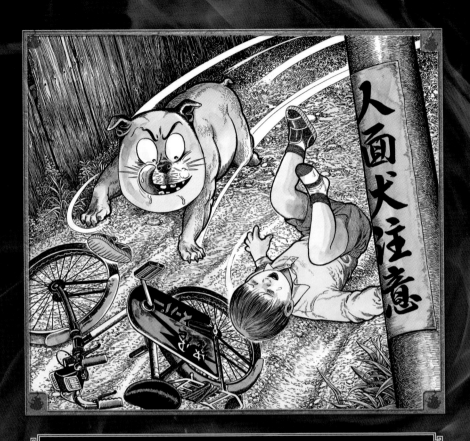

진멘켄(人面犬)

1989년경, 초등학생들과 중학생들 사이에서 크게 유행하였던 요괴
다. 몸은 보통의 소형견과 같고, 얼굴만 사람처럼 생겼다. 원망스러
운 표정을 한 노인의 얼굴이나, 중년 남성의 얼굴처럼 생겼다고 한
다. 시속 80㎞를 넘는 속도로 달렸다거나, 6m 높이로 점프했다거나,
사람에게 「날 내버려 둬!」 등의 말을 했다는 등 지역마다 여러 가지
소문이 퍼졌다. 그러나 얼마 지나자 소문이 잠잠해졌다.

스나카케바바아 (砂かけ婆)

신사 근처의 인적 드문 숲 등에 숨어 있다가, 지나가는 사람을 발견
하면 모래를 뿌린다. 인적 드문 나무나 풀 속으로부터 갑자기 모래가
자신에게 뿌려지면 놀랄 수밖에 없다. 요괴의 정체를 밝히려고 숲속
을 뒤져봐도 소용없다. 요괴를 붙잡기는커녕 모습을 보는 것도 불가
능할 것이다.

츠루베오토시(釣瓶落とし)

거대한 얼굴만 있는 요괴로, 갑자기 사람의 눈앞에 떨어지며 나타난다. 옛날, 교토(京都)부 카메오카(亀岡)시 지역에 츠루베오토시(釣瓶落とし)가 사는 커다란 떡갈나무가 있었다. 그 나무에서 갑자기 떨어져 내려와 「밤일은 다 했어? 두레박을 내릴까?」라며 말을 건다고 한다. 그뿐 아니라, 때로는 사람을 나무 위로 끌어 올려 잡아먹었다는 이야기도 있기 때문에 밤에는 무서워서 아무도 그 나무 밑을 지나가지 않았다고 한다.

텐구(天狗)

물가에서 살고 있는 대표적인 요괴가 캇파(河童)라면, 산에서 살고 있는 대표적인 요괴는 텐구(天狗)일 것이다. 에도 시대 중기에 쓰인 『텐구쿄우(天狗経)』에 의하면, 일본에는 48종, 12만5,500마리나 되는 텐구가 있다고 하며, 신성한 산에는 반드시 텐구가 모셔져 있다. 일반적으로 붉은 얼굴과 높다란 코가 특징으로 전해지고 있으나, 옛날에는 솔개와 같은 새의 모습을 하고 있었다고 한다. 환술과 도술 등의 다양한 신통력을 가지고 있다.

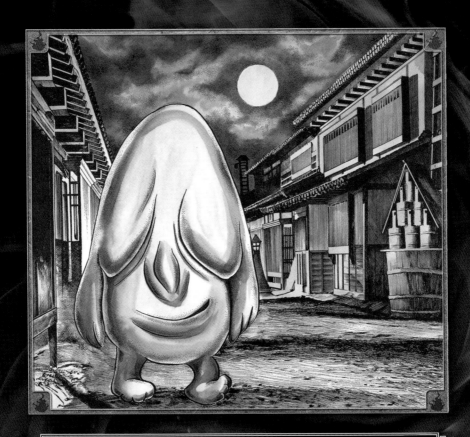

눗페후호후(ぬっぺふほふ)

밤길이나 황폐해진 절을 어기적어기적 돌아다니는 요괴다. 온몸의 살덩어리에서 매우 고약한 냄새가 나기 때문에 눗페후호후(ぬっぺふ ほふ)가 주변에 있으면 금방 알 수 있다. 모습과 냄새 때문에, 죽은 사람의 살덩어리가 걸어 다니는 것으로 여겨지기도 한다. 매일 밤 그저 돌아다니기만 할 뿐, 장난을 치지도 않고 떠들지도 않는다. 다만, 지나가던 행인이 놀라면, 왠지 기뻐하는 것처럼 느껴진다.

누라리횬(ぬらりひょん)

노인처럼 보이는 이 요괴는, 저녁 식사 준비 등으로 한창 바쁠 때 어디선가 나타난다. 그렇게 남의 집에 들어와서는 자기 마음대로 차를 마시며 여유를 즐긴다. 너무나도 당당히 있기 때문에, 사람들은 가족 중 누군가로 생각하며 확인하려 하지 않는다. 이처럼 사람들의 틈을 잘 파고드는 요괴인 듯하다. 요괴의 총대장이라고도 일컬어지고 있으나 실제로 어떤지는 잘 모른다.

 ## 누리카베
(ぬりかべ)

밤길을 혼자 걷다보면 갑자기 눈앞에
벽이 나와서 앞으로 갈 수 없게 된다.
이때, 앞을 가로 막은 벽이 누리카베
(ぬりかべ)다. 막대기로 벽의 아랫부분
을 밀면 사라지지만, 윗부분은 밀리지
도 사라지지도 않는다. 당황하여 허
둥거리지 말고, 잠시 쉬면서 침착하게
대응하는 것이 좋다.

바케조우리 (化け草履)

신발을 소중히 하지 않는 집에 이 요괴가 나타난다고 한다. 밤이 되면 「카라링, 코로링, 캉코로링, 마나구(まなぐ, '눈알'을 뜻하는 일본 센다이 지역의 사투리-역주) 셋, 마나구 세 개에 이빨 두 개」라는 목소리와 함께 나타나며, 때로는 춤을 추는 경우도 있다고 한다. 이렇다 할 장난은 치지 않지만, 집안에 이 요괴가 있으면 왠지 모르게 불안하다. 현관에 더러워진 채로 놓인 신발이 없는지 잘 살펴보자.

하나코상(花子さん)

하나코상(花子さん)은 주로 학교의 화장실에서 나타난다고 한다. 화장실 문을 노크하며 「하나코상 있나요?」라고 물어보면, 「네」라고 대답을 한다. 목소리뿐 아니라, 창백한 손이 힐끗 보이거나, 바가지 머리 스타일을 한 소녀의 모습으로 나타나기도 한다. 어떤 초등학교에서는 체육관에서 나타났다는 이야기도 있다. 체육관 안을 44번 돌고 「하나코상」이라고 부르면 「네」라고 대답하고, 「누구 나랑 놀 사람!」이라 말하면 「뭐하고 놀까?」라고 대답했다고 한다.

히토츠메코조우(一つ目小僧)

에도 시대에 벌어진 이야기이다. 어떤 행상인이 무사 가문의 저택을 방문했을 적에, 10살 정도 된 어린아이가 와서는 토코노마(床の間, 일본식 방에서 바닥을 조금 높게 만들고 벽이나 바닥에 장식물을 꾸미는 곳-역주)에 걸린 족자를 돌돌 말아 올리다가 툭 떨어뜨렸다. 그것을 몇 번이고 반복하기에 「그만 장난 쳐라!」라고 주의를 주었다.

그러자 그 어린아이는 오히려 「조용히 해!」라고 말하며 고개를 돌렸는데, 그 정체가 바로 히토츠메코조우(一つ目小僧)였다. 이 요괴는 1년에 몇 번 나타나서, 어느 때라도 반드시 「조용히 해!」라는 말을 한다고 전해진다.

⚉ 햐쿠메(百目)

햐쿠메(百目)는 100개의 눈이란 이름처럼, 온몸에 100개의 눈이 달린 섬뜩한 요괴다. 낮에는 눈이 부셔서 다닐 수 없고, 밤에 돌아다닌다. 모쿠모쿠렌(目々連, 40P)이나 도도메키(百々目鬼, 125P)와 닮았지만, 같은 부류인지 아닌지는 확실하지 않고, 그 생태도 알려진 것이 없다. 사람과 마주치면, 눈알 한 개가 툭 튀어나와서는 어디까지고 따라온다고 한다. 오래된 절에서 잘 나타난다고 전해진다.

베토베토상(べとべとさん)

밤길을 걷고 있으면, 누군가가 뒤따라오고 있는 것 같은 느낌이 들
때가 있다. 기분 탓이라고 생각하지만, 무서워서 뒤를 돌아볼 수가
없다. 그럴 때, 길모퉁이로 가서 「베토베토상(べとべとさん) 먼저 가세
요!」라고 말하면 기척이 사라진다고 한다. 요괴 베토베토상은 사람
의 뒤를 쫓아갈 뿐 해를 가하지는 않는다. 길을 양보했을 때 「앞서가
면 어두워서 걸어갈 수 없어」라고 말하는 경우도 있다. 그럴 때는 등
불을 빌려주면 된다고 한다.

마쿠라가에시(枕返し)

아침에 일어나 보면, 베개가 엉뚱한 장소에 있는 경우가 있다. 이것은 요괴 마쿠라가에시(枕返し)의 짓으로, 자는 동안에 베개를 옮기는 것이다. 마쿠라가에시는 그 방에서 죽은 사람의 영혼이라고 일컬어지는 경우가 많지만, 자시키와라시(座敷童子, 23P)처럼 집에 깃들어 살고 있는 요괴라고 여기는 지역도 있다. 옛날에는 베개가 뒤집히거나 움직이는 것을 불길한 징조로 생각하였다고 한다. 어쩌면 마쿠라가에시의 행동은 단순한 장난이 아닐지도 모른다.

모쿠모쿠렌(目々連)

빈집 같은 곳에 숨어 사는 요괴다. 사람이 방문하면, 갑자기 장지문에 무수히 많은 눈이 나타나게 된다. 모쿠모쿠렌(目々連)이 나타난 곳은 바둑기사가 살고 있던 집으로, 그 사람의 염원이 집에 전해져 바둑판처럼 생긴 장지문에 눈이 나타난 것이라는 설이 있다.

유키온나(雪女)

눈이 내리는 밤, 산에 나타나는 여성 요괴다. 입김도 얼어붙을 만큼 추운 겨울 산을 얇은 옷차림으로 돌아다닌다고 한다. 운 나쁘게 유키온나(雪女)와 마주치면, 말 걸지 말고 조용히 지나쳐야 한다. 무심코 말을 주고받았다가는 한순간에 잡아먹힌다고 전해진다.

요부코(呼子)

산에 올라가서 「야호—!」 하고 소리치면, 목소리가 주변의 산들과 부딪치고 반사되어 메아리로 돌아온다. 옛날에는 이러한 메아리를 요괴의 짓이라고 여겼었다. 산인(山陰) 지방에서는 동물의 짓이라 여겼고, 많은 지역에서는 나무 정령의 짓이라 여겨졌다고 한다. 산에는 목소리를 내어 말을 걸어오는 요괴가 매우 많다. 그러니 메아리를 자연현상이 아니고, 요괴의 짓이라 생각하는 것도 이상한 일이 아니다.

로쿠로쿠비(ろくろ首)

목이 어디까지고 늘어나는 요괴다. 모두가 잠든 조용한 밤중에 목을
길게 늘여서 사냥감을 찾아다닌다. 일설에 의하면, 남성의 정기를 빨
아먹어 버린다고도 전해진다. 목이 늘어나는 건 밤뿐으로, 낮에는 평
범한 여성의 모습이다. 그렇기 때문에 요괴인지 구별하기가 어려우
나, 어떤 사람에 의하면 로쿠로쿠비(ろくろ首)의 목에는 반드시 보라
색의 선이 있다고 한다.

와뉴우도우

(輪入道)

화염에 둘러싸인 마차 바퀴의 한가운데 있는 무서운 얼굴. 매우 거칠고 사나운 요괴로 널리 알려져 있으며, 이 요괴를 보고 살아남은 사람은 거의 없다. 어떤 여성이 이 요괴를 살짝이라도 보고 싶어 창문을 조금만 열고 기다렸다. 잠시 후, 마차 바퀴에 뜯겨진 사람의 다리를 매달고 있는 와뉴우도우(輪入道)가 나타났다. 너무나 무서운 모습에 여성이 창문을 닫으려고 하자, 와뉴우도우가 「내 얼굴보다, 네 아이를 봐라!」라고 고함쳤

사람을 닮은 모습으로 그려진 요괴

제 2 장

남녀노소의 다양한 사람과 모습이 닮은 요괴가 있다. 그러나 모습만 닮았을 뿐 사람이라 할 수 없는, 특징을 가진 요괴다. 그러한 요괴들 중에서, 무서운 요괴, 착한 요괴, 유쾌한 요괴, 불쌍한 요괴 등 116마리를 모아 소개한다.

아오뇨우보우(青女房)

이 요괴의 정체는 살아 있는 여성의 원령이라고 알려진다. 아오뇨우보우(青女房)는 황폐하게 버려진 권력자의 저택에 숨어 사는 것을 좋아한다. 요괴다운 외모적 특징은 없고, 흐릿한 눈썹과 '오하구로(お歯黑, 옛 일본의 화장법으로, 이빨을 염료로 검게 물들이는 것 - 역주)'라는 검게 물들인 이빨을 가지고 있다.

아시나가테나가
(足長手長)

다리가 긴 「아시나가진(足長人)」이, 팔이 긴 「테나가진(手長人)」을 업고 있으면 「아시나가테나가(足長手長)」가 된다. 「아시나가진」의 다리 길이는 9척(약 2.7m) 정도라고 한다. 「테나가진」의 팔 길이도 비슷한 정도로, 굉장히 큰 거인이라 할 수 있다. 하지만, 보이는 모습과는 다르게 성격은 흉폭하지 않다고 한다. 두 마리가 함께 힘을 모으는 이유도, 효율적으로 물고기를 잡기 위한 것으로 보인다. 「아시나가진」이 나타나면, 날씨가 바뀐다는 이야기도 전해진다.

아즈키바바아(小豆婆)

「아즈키아라이(小豆洗い, 6P)」와 동류의 요괴다. 팥을 씻는 소리를 내면서 노래를 부르는 점도 매우 닮아 있다. 그러나 아즈키아라이가 해를 끼치지 않는 것에 반해, 이 요괴는 사람에게 해를 끼친다. 사이타마(埼玉)현 지역의 강가에 나타난 아즈키바바아(小豆婆)는 어린아이를 잡아먹었다고 하고, 야마나시(山梨)현 지역의 신사 주변에 나타난 아즈키바바아는 가지고 다니는 큰 자루에 지나가던 사람을 집어넣고 나무 위에 매단다고 한다.

아토오이코조우(後追い小僧)

산길을 걷고 있으면 누군가가 쫓아오는 것 같은 기척이 느껴진다. 뒤쪽에서뿐만이 아니라, 마치 길 안내를 하듯이 앞서서 걸어가는 일도 있다. 하지만, 외로움을 많이 타는 아토오이코조우(後追い小僧)가 쫓아오는 것일 뿐, 사람에게 위해를 가하는 일은 없다. 그런데도 신경이 쓰인다면, 바위나 그루터기 위에 주먹밥이나 알사탕 등의 먹을 것을 놓아두면 기척이 사라진다고 한다. 야간에도 나타나지만 낮에 나타나는 경우가 더 많다고 전해진다.

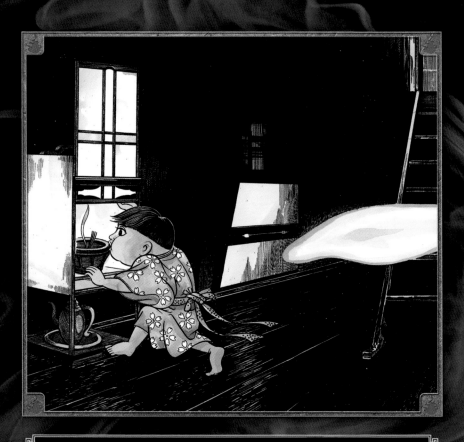

아부라아카고(油赤子)

밤마다 기름을 훔치고, 그 훔친 기름을 팔던 남자가 있었다. 시간이 흘러 이 기름장수가 죽자, 사람들은 그가 성불하지 못하고 마요이비(迷い火, 342P)가 되었을 것이라고 말했다. 그러나 그 후부터 인근의 집들에 이상한 아이가 나타나 행등(行灯, 기름접시에 불을 붙여서 주변을 밝히는 등의 종류로, 휴대하거나 실내에 둘 수 있다 - 역주)에 들어 있는 기름을 핥는다는 목격담이 퍼졌다. 사람들은 그 죽은 기름장수가 아이의 모습으로 다시 태어난 것이 아닐까라고 여겼다.

아마뉴우도우(尼入道)

이 여성 요괴는 산길에서 나타난다. 털이 덥수룩 난 두꺼운 목을 로쿠로쿠비(ろくろ首, 43P)처럼 늘여 사람을 습격하고, 기다란 혀로 얼굴을 날름 핥는다. 핥아진 사람은 순식간에 기절해버리기 때문에, 아마뉴우도우(尼入道)를 보면 바로 도망치는 것이 좋다. 보고 있으면 점점 몸집이 커지는 미아게뉴우도우(見上入道, 154P)의 여성 요괴 버전이 아마뉴우도우일 것이다.

아메후리코조우(雨降り小僧)

비를 조종하는 어린아이 모습의 요괴로, 일본 토호쿠(東北) 지방에 이러한 이야기가 있다. 어느 날 여우가 아메후리코조우(雨降り小僧)에게 말했다. 「비 오는 밤에 딸을 시집보내고 싶으니 비를 내려줘」. 아메후리코조우가 「그러지」라고 승낙하자, 주위가 순식간에 어두워졌다. 그리고 손에 들고 있던 제등(提灯, 손잡이가 있어서 들고 다니는 등 - 역주)을 흔들자 돌연 비가 내렸고, 그 빗속에 여우의 시집가는 행렬이 이어졌다고 한다.

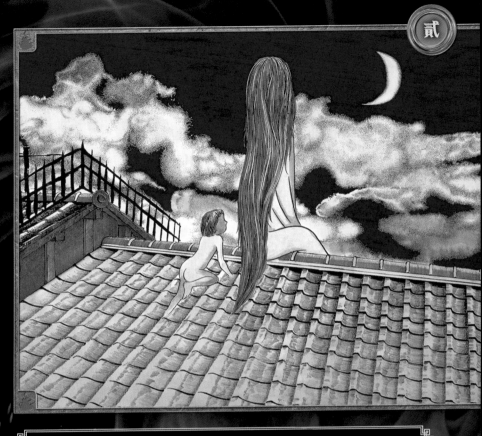

아메야노유우레이(飴屋の幽霊)

옛날, 어떤 사탕 가게에 초라한 행색의 여자 손님이 오기 시작했다. 여자는 매일 밤마다 사탕을 사 갔다. 이상하게 여긴 가게 주인이 뒤를 따라가 보니, 여자는 무덤들 사이로 사라졌다. 여자의 정체는 유령이었고, 사탕은 자신이 낳은 아기의 식사였던 것이다. 불쌍하게 여긴 주인이 아기를 데려와 키우자, 여자 유령이 나타나 가게에 도움이 되는 지식을 알려주었다. 덕분에 사탕 가게는 번성하였고, 그 아기는 후에 고승이 되었다고 한다. 이 유령은 '아이 기르는 유령'이란 의미로 「코소다테유우레이(子育て幽霊)」로도 불린다.

이키스다마(いきすだま)

이키스다마(いきすだま)란 살아 있는 사람의 혼령, 즉 「생령」을 말하는 것이다. 생령은 자기 자신의 모습으로 나타나는 것도 있고, 그 사람이 발하는 원념처럼 명확한 형태가 나타나지 않는 것도 있다. 생령의 힘은 무시무시하기 때문에, 「저 녀석이 병에 걸려버리면 좋겠어!」라고 잠깐 생각한 것만으로도 그 대상에게 들러붙어 해를 끼칠 만큼 강력하다. 그렇기 때문에 함부로 나쁜 생각을 해서는 안 된다.

이지코(イジコ)

아기를 넣어두는 볏짚으로 만든 바구니를 이지코(イジコ)라고 한다.
낮에도 어두운 삼나무 숲 깊은 곳에서의 일이었다. 어떤 사람이 숲길
을 지나가고 있었는데, 「응애!」하고 아기의 커다란 울음소리가 들렸
다. 깜짝 놀라 소리가 난 방향을 보니, 삼나무 옆에서 이지코가 불타
고 있었다고 한다. 이지코가 나타나는 곳은 반드시 나무가 있는 장소
이니, 나무와 관련이 있는 요괴일지도 모른다.

제 2 장 사람을 닮은 모습으로 그려진 요괴

이쟈로코로가시(イジャロコロガシ)

나가노(長野)현 지역의 오래된 불당에서 나온 요괴다. 「이쟈로(イジャ
ロ)」란 소쿠리를 뜻하는 것으로, 소쿠리처럼 데굴데굴 굴러 온다. 그
러다가 사람 앞에 멈춰서, 휙 하고 돌연 사람의 형태로 변한다. 순식
간에 벌어진 일이라, 누구라도 놀랄 수밖에 없다! 바구니나 주전자
등, 물건을 굴려서 사람을 놀라게 하는 요괴는 일본 각지에 존재하
나, 굴러 와서 사람의 형태가 되는 요괴는 매우 드물다.

이소가시(いそがし)

이 요괴에게 홀리게 되면, 마음에 여유가 없어지고 매우 산만해진다. 가만히 쉬고 있으면, 마음이 초조하고 불안하여 어찌할 바를 모른다. 반대로 아등바등 움직이면 기묘한 안심감에 휩싸인다. 요괴 「이소가시(いそがし)」의 존재가 알려지기 시작한 것은 에도 시대부터라고 한다. 이 요괴에 홀린 사람은 점점 늘어났고, 지금은 홀리지 않은 사람이 더 적어져 버렸다.

이야미(いやみ)

어느 해질녘의 일이다. 심부름하고 돌아가던 소년의 앞에 젊은 여성
이 걸어가고 있었다. 그 뒷모습이 오랫동안 보지 못했던 자신의 누나
와 닮은 것 같은 기분이 들었다. 소년은 그리운 마음을 참을 수 없어
말을 걸었고 여성은 뒤를 돌아보았다. 그러나 그 얼굴은 누나와 전혀
닮지 않았을 뿐 아니라 애초에 여성이 아니고, 기분 나쁜 표정으로
불쾌한 느낌을 주는 아저씨의 얼굴이었다. 너무나 큰 충격에 소년은
그만 울음을 터뜨리고 말았다. 이야미(いやみ)는 이러한 장난으로 사
람에게 불쾌감을 주는 요괴다.

인넨(インネン)

나가사키(長崎)현 고토(五島)열도의 후쿠에(福江)섬에서는, 사람을 홀리거나, 질병을 초래하는 영적인 존재(생령, 사령, 동물령, 캇파 등)를 모두 아울러서 인넨(インネン)이라고 부른다. 「호우닌(ホウニン)」이라고 불리는 무속인은 그 인넨과 이야기를 나누고, 유령의 요구를 들어주어 사람에게 피해가 없도록 하였다고 전해진다. 인넨이 초래하는 불행에는 다양한 것이 있으나, 그것들은 모두 살아 있는 사람이 죽은 사람에 대한 공양을 잊지 않도록 알려주기 위함이라고 한다.

우시로가미(後神)

밤길을 걷고 있을 때, 머리카락을 뒤에서 잡아당기는 것 같은 느낌이 들 때가 있다. 그리고는 차가운 손으로 목덜미를 살며시 쓰다듬거나, 머리카락을 뒤죽박죽으로 흐트러놓기도 한다. 이런 것은 우시로가미(後神)가 치는 장난이다. 뒤를 돌아보아도 모습을 보는 것은 불가능하다. 다행히 그 이상의 장난은 치지 않지만, 대부분의 사람은 무척이나 공포에 질린 나머지 주저앉고 말 것이다

우미자토우(海座頭)

우미보우즈(海坊主, 9P)와 같은 종류로 분류되는 요괴이다. 눈이 보이지 않기 때문에 지팡이를 짚으면서 바다 위를 스르르 미끄러지듯 걸어 다닌다. 그것뿐이라면 좋겠지만, 배를 유인하여 난파시키거나, 통째로 집어삼키는 등의 나쁜 짓을 일삼기 때문에 매우 위험한 요괴이다. 바다에서 죽은 맹인의 원령으로 여겨지고 있으나, 정말 그런지는 알 수 없다.

우왕(うわん)

오래된 저택에서 숨어 있다가, 밤이 되면 지나가는 사람을 향해 「우왕!」하고 소리친다. 단 한 마디만 외칠 뿐, 그 외에 다른 말은 하지 않는다. 그렇기 때문에 심장에 매우 좋지 않은 요괴이다. 「우왕!」하고 외치는 확실한 발음에서 사람과 비슷한 모습으로 추정되고 있지만, 그 정체는 전혀 알려지지 않았다.

 ## 오이가카리(おいがかり)

밤길에 사람의 뒤를 따라오는 요괴는 많지만, 사람의 뒤를 따라와 무엇인가로 덮어씌우는 요괴도 드물게 있다. 그러한 요괴 중에는 이불이나 보자기를 사람의 얼굴에 덮어씌워 질식시켜버리는 무서운 요괴도 있다. 그러나 오이가카리(おいがかり)는 사람을 깜짝 놀라게 하는 것으로 만족하는 듯하다.

오우니(苧うに)

오우니(苧うに)의 오(苧)는 모시실을 뜻한다. 그래서인지 오우니는 모시실처럼 구불구불 길게 이어지는 두꺼운 머리카락이 특징이다. 옛날, 니가타(新潟)현 서쪽 지방에서 여자들이 모여 모시실을 만들고 있었는데 야만바(山姥, 깊은 산속에 산다는 노파의 모습을 한 요괴 - 역주)가 다가와서 자신도 돕겠다고 말했다. 그리고는 놀랄 만큼 뛰어난 솜씨로 눈 깜짝할 사이에 나무통 가득히 모시실을 만들고는 모습을 감추어버렸다고 한다. 야만바의 정체가 오우니였던 것이다. 이처럼 오우니는 요괴 야만바의 한 종류라고 여겨지고 있다.

오오아타마코조우(大頭小僧)

두부를 가지고 있어서 토우후코조우(豆腐小僧, 123P)라고 생각되기 쉽지만, 아무런 관련이 없는 사이이다. 실은 미아게뉴우도우(見上入道, 154P)의 손자라고 한다. 오오아타마코조우(大頭小僧)는 두부장수를 놀래 주려는 장난을 칠 뿐, 큰 해를 끼치진 않는다. 어린아이처럼 보이지만, 자세히 보면 발끝이 동물처럼 생겼거나 이상한 특징을 가지고 있다.

오오쿠비(大首)

거무스름하게 물든 이빨에 산발한 머리를 하고 있는 거대하고 불길한 얼굴. 오하구로(お歯黒, 47P)를 바른 것을 보아 여성 요괴일 것이다. 옛날에 한 여성이 산에서 고사리를 캐고 있을 때, 3m 정도 크기의 오오쿠비(大首)가 어디선가 갑자기 나타났다. 그리고는 여성을 내려다보며 히죽히죽 웃었다. 여성은 몹시 놀라 도망쳤고, 그 산에는 두 번 다시 가지 않았다고 전해진다. 에도 시대의 소설에는 요괴 오오쿠비가 자주 등장했다고 한다. 당시에는 공포를 상징하는 요괴였을 것이다.

 오오뉴우도우(大入道)

사람 모습을 닮은 거대 요괴의 총칭이다. 일본 각지에서 구전으로 전해오고 있으며, 몸집은 2m 정도의 크기에서 산을 감싸 버릴 수 있을 만큼의 거대한 크기까지 다양하다. 에도 시대에 아이치(愛知)현 토요하시(豊橋)시 지역의 주민이 봤다고 전해지는 오오뉴우도우(大入道)는 4m 정도의 몸집이었다고 한다. 이 정도의 몸집은 오오뉴우도우 중에서 작은 축에 속한다. 시가(滋賀)현 이부키(伊吹)산에서 나온 오오뉴우도우는 매우 거대해서 발소리가 지진처럼 느껴졌다고 한다.

제 2 장 사람을 닮은 모습으로 그려진 요괴

오오보우즈(大坊主)

「오오뉴우도우(大入道, 69P)」와 닮은 거대한 요괴다. 어떤 젊은 무사가 오오보우즈(大坊主)를 퇴치하겠다고 결심했다. 여행 도중에 찻집 주인에게 격려를 받아, 무사는 의기양양하게 길을 나섰다. 이윽고 수상한 바람과 함께 오오보우즈가 나타났으나, 젊은 무사의 당당한 모습을 보고 모습을 감추었다. 무사가 돌아가는 길에 다시 찻집을 방문해 그 이야기를 하자, 주인은 「그 요괴가 이 정도로 컸나요?」라고 말하고는 구름에 닿을 만큼 거대한 거인으로 변했다. 그 젊은 무사는 오오보우즈에게 조롱당했던 것이다.

오사카베(長壁)

효고(兵庫)현 지역의 히메지성에서 살고 있는 요괴로, 최상부의 천수
각(天守閣, 일본의 성에서 가장 높은 곳에 있는 망루 - 역주)에 숨어 있다고 전해
진다. 사람을 싫어하는 것으로 알려져서 1년에 한 번 성주만이 대면
할 수 있는 듯하다. 그때 보이는 오사카베(長壁)의 모습은 노파처럼
생겼다고 전해진다. 천수각은 비좁고 물건을 놓기에도 불편하여 사
람이 거의 방문하지 않는다. 그렇기 때문에 오사카베가 숨어 살기에
는 편안한 곳일 것이다.

오시로이바바아(白粉婆)

오시로이바바아(白粉婆)는 커다란 삿갓과 하얀 옷을 입고, 한 손에는 지팡이를 짚으며, 다른 한 손에는 술병을 소중히 들고 있다. 눈이 내려서 일대 전체가 은빛인 세계를 사박사박 작은 발걸음 소리를 내며 천천히 걸어간다. 노인처럼 보이는 얼굴은 놀랄 만큼 창백하다. 시훈 셴로우(脂粉仙娘)라 불리는 백분(白粉, 여성이 얼굴이나 목에 발라 피부를 하얗게 보이게 했던 화장품 - 역주)의 여신이 있는데, 그 여신을 모시는 시녀를 오시로이바바아라고 한다.

오니(鬼)

머리에는 두 개의 뿔이 있고, 크고 다부진 몸에, 호랑이 가죽으로 만든 훈도시(ふんどし, 일본의 남성용 하의 속옷 - 역주)를 입고 있다. 많이 알려진 오니(鬼)의 모습은 에도 시대에 만들어진 것으로 여겨진다. 그 이전 헤이안 시대에는, 오니의 모습은 볼 수 없으며 재해나 질병을 야기하는 사악한 존재로 여겨졌다. 드물게 모습을 드러내는 오니도 있었지만, 판자나 항아리로 모습을 바꾸거나 젊은 남자로 둔갑하는 등 일정한 모습이 정해져 있진 않았던 것 같다.

오하구로벳타리 (お歯黒べったり)

옛날 일본의 결혼한 여성은 치아를 검게 물들였다. 이것을 오하구로 (お歯黒)라고 한다. 지금은 그 모습이 예쁘게 느껴지지 않지만, 메이지 시대까지는 화장의 한 종류로 여겨지고 있었다. 요괴 오하구로벳타 리(お歯黒べったり)는, 해질녘이 되면 절이나 신사에서 기모노나 신부 의상을 입고 나타난다. 말을 걸면 기다리고 있었다는 듯이 돌아보지 만, 그 요괴의 얼굴에는 눈과 코가 없다. 오하구로를 잔뜩 바른 새까 만 입으로만 히죽히죽 웃을 뿐이다.

카이난호우시(海難法師)

이즈시치(伊豆七)섬 지역에는 매년 1월 24일에 요괴 카이난호우시(海難法師)가 오기 때문에, 그 날은 하루 일과를 일찍 끝내고 밤에는 외출을 삼가는 것으로 알려진다. 카이난호우시란, 각종 사고나 사건으로 인해 바다에서 죽은 익사자의 유령이다. 이날 밤, 카이난호우시의 모습을 보게 되면, 나쁜 일이 반드시 일어난다고 한다.

카쿠레바바아(隠れ婆)

카쿠레바바아(隠れ婆)는 어린아이를 납치해 가는 요괴로, 골목 안쪽
에 숨어서 어린아이가 오는 것을 기다린다. 효고(兵庫)현 코베(神戸)시
의 주변 지역에서는, 어린아이가 숨바꼭질을 하고 있으면 어디선가
카쿠레바바아가 찾아와 납치해버린다는 이야기가 전해진다. 말 안
듣는 어린아이에게 「카쿠레바바아가 온다!」라고 말하면 효과가 있었
다고 한다. 어린아이를 데려가 버리는 요괴의 이야기는 그 외에도 많
이 존재한다.

카젠보우(火前坊)

이 요괴는 교토(京都)부 토리베(鳥部)산에서 나타난다. 헤이안 시대의 토리베산은 일본의 황족 등이 묻힌 공원묘지로, 극락왕생을 기원하는 승려가 자신의 몸에 불을 붙여 이승을 떠나는 「화생삼매(火生三昧)」가 행해졌었다. 원래는 신성한 장소로 여겨졌으나, 점차 시체안치소로 변하여 요괴 카젠보우(火前坊)가 나타나게 되었다. 카젠보우는 「화생삼매」로 죽은 후에도 이승에 미련이 남은 승려의 유령이라고 여겨진다.

카부키리코조우(かぶきり小僧)

바가지 머리 스타일에 기모노를 입은 어린아이가 산길에서 지나가는 사람에게 「물 마셔, 차 마셔!」라며 말을 건넨다. 때로는 기모노를 뒤집어써서 얼굴과 팔 등을 가리고는 산기슭에 내려와서 어린아이들과 함께 놀기도 한다. 하지만, 기모노 속으로 털이 수북한 팔이 들여다 보여 사람이 아닌 것을 알 수 있다. 그러한 카부키리코조우(かぶきり 小僧)의 정체는 무지나(ムジナ, 6P)가 둔갑한 것이라 여겨진다.

카메히메(龜姬)

후쿠시마(福島)현 이나와시로(猪苗代)성에서 사는 요괴이다. 에도 시대의 일이다. 신비한 분위기의 어린아이가 나타나서 「성주는 아직도 카메히메(龜姬) 님에게 인사를 드리지 않는구나!」라고 소리쳤다. 성주 대리가 이를 무례하다며 나무라자 「히메지성의 오사카베(長壁, 71P) 히메(姬, 옛날 일본에서 신분 높은 여성을 부를 때 쓰는 경칭 - 역주)와 이나와시로성의 카메히메를 모르다니, 이미 성주의 명은 다했다!」라고 말하고는 사라졌다. 그리고 얼마 후에 성주 대리가 죽었다고 한다. 카메히메는 예언을 하는 요괴로 알려진다.

카와아카고(川赤子)

늪이나 연못에 나타나서 「응애, 응애」 하며 큰 소리로 운다. 아기가 빠진 것일까 걱정되어 울음소리가 들리는 방향으로 서둘러 가면, 이번에는 반대편 방향에서 들려온다. 이 시점에서 카와아카고(川赤子)의 짓인 것을 깨달으면 좋으나, 대부분의 사람은 우왕좌왕한 끝에 지치고 물에 빠져 흠뻑 젖어버리게 된다. 카와아카고의 정체는 아직 잘 알려져 있지 않다.

카와오토코 (川男)

강변에 사는 요괴로 사람과 매우 비슷하게 생겼다. 키가 크고 피부가 검은 모습이 이 요괴의 특징이지만, 그렇게 생긴 사람들도 많이 있다. 표정은 온순하고 성격도 얌전하다. 두 마리가 나란히 앉아서 이야기를 나누고 있는 경우가 많다. 주로 밤에 활동하는 것으로 여겨진다.

카와자루(川猿)

시즈오카(静岡)현에 나타나는 카와자루(川猿)는 사람을 잘 속이는 요괴다. 온몸에서 생선 비린내를 풍기고, 싸움을 잘한다. 맨손으로 싸우게 되면, 피부나 근육에 큰 상처를 입게 된다. 카와자루의 정체를 캇파(河童)로 여기는 사람들도 있지만, 캇파와 다르게 머리에 접시가 없다. 술을 좋아하는 점에서는 수달(カワウソ, 옛 일본에서는 수달이 사람으로 변신하는 등의 요술을 쓴다고 여겼다 - 역주)에 가까운 요괴인 것 같기도 하지만, 하는 행동은 원숭이와 비슷하다고도 전해진다. 성가신 요괴이지만 자신을 도와준 사람의 얼굴은 잘 기억하고 잊지 않는다고 한다.

카와히메(川姫)

남자의 정기를 빼앗아가는 미녀 모습의 요괴다. 물레방앗간처럼 사람이 모이는 장소에 나타나 조용히 서 있을 뿐이지만, 그럼에도 매우 뛰어난 미모가 눈에 띈다. 뛰어난 미모에 홀려 누구나 말을 걸고 싶어지지만, 그렇게 하면 정기를 빼앗기게 된다. 그러니 요괴와 눈이 맞지 않도록 바닥만 보면서, 발견되지 않게 숨으며 그 상황을 넘기는 것 외에는 방법은 없다.

칸바리뉴우도우(加牟波理入道)

변소의 신으로서 알려진 요괴다. 섣달 그믐날 밤에 화장실에서 「칸 바리뉴우도우(加牟波理入道) 두견새」라고 외치면, 일 년 동안 변소에서 요괴를 보는 일은 없다고 전해진다. 지금은 어느 가정에서도 수세식 변소이기 때문에 음산함이나 무서움을 느끼는 일은 적으나, 옛날 변 소는 으슥한 집 밖에 있으면서 깊은 웅덩이 위에 걸쳐진 2장의 판자 를 밟고 쪼그러서 용변을 봐야 했다. 특히, 밤중에 변소를 가는 것은 상당한 용기가 필요했었다.

키죠(鬼女)

나가노(長野)현 지역에서 있었던 일이다. 길을 잃은 나그네가 산속에서 외딴집을 발견하고 하룻밤 묵게 해달라고 했다. 그 집에는 50살 정도 된 여자가 살고 있었다. 냄비에서 나는 맛있는 냄새를 맡고 「먹을 것을 조금 주실 수 있나요?」라고 부탁하자, 「이것은 사람이 먹을 것이 아니다!」라고 말했다. 나그네가 문득 여자의 얼굴을 보니, 입이 귀밑까지 찢어져 있는 것이 아닌가! 여자의 정체는 바로 키죠(鬼女)였던 것이다. 냄비 안에는 사람의 손과 발이 한가득! 놀란 나그네는 쏜살같이 도망쳤다.

쿄우코츠(狂骨)

쿄우코츠(狂骨)는 우물에서 죽은 사람의 원혼이 뼈에 깃든 요괴다.
우물에 떨어져 죽은 것인지 살해당한 후에 우물에 던져진 것인지는
알 수 없지만, 어느 쪽이든 강한 원한을 가지고 죽은 자들이다. 혼
이 성불하지 못하고 저승과 이승 사이를 계속 맴돌다가, 그대로 땅
에 깃들어 지박령이 된 후에 우물 안에 있던 뼈에 깃들어 요괴가 된
것이라 여겨진다. 쿄우코츠에 홀리면, 다른 사람에 대한 원망이 매
우 깊어지게 된다고 전해진다.

쿠네유스리(クネユスリ)

「쿠네(クネ)」라는 것은, 아키타(秋田) 지방의 방언으로, 나무를 촘촘히 심어서 만든 울타리를 뜻한다. 쿠네유스리(クネユスリ)는 그러한 울타 리를 흔들흔들 흔들며 장난을 치는 요괴다. 지금은 콘크리트 등으로 만들어지는 경우가 많으나, 옛날에는 나무를 심어서 만든 울타리가 곳곳에 있어서, 쿠네유스리가 장난칠 수 있는 장소가 많았었다. 울타 리 뒤에 숨어서 얼굴을 반만 내밀고 있는 것은 아즈키아라이(小豆洗 い, 6P)로, 쿠네유스리와 함께 나타나는 경우가 있다고 한다.

쿠비카지리(首かじり)

배곯고 있는 노인이나 나그네에게 음식을 나누어주지 않거나 혹은 다른 이유로 누군가가 굶어 죽게 방치한 사람에게 재앙을 내리는 요괴이다. 굶어 죽은 자의 혼은 요괴 쿠비카지리(首かじり)가 된다. 그리고 굶어 죽게 방치한 사람이 죽으면 무덤에 나타나서 목을 파내고 오도독오도독 갉아먹어 복수하는 것이다.

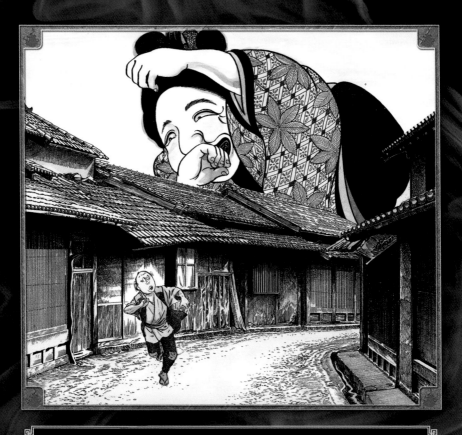

케라케라온나(倩兮女)

길을 걷고 있으면, 무언가가 나타날 것 같은 기분이 들 때가 있다. 그럴 때, 겁에 질려 걷고 있으면 느닷없이 「깔깔」거리는 여자의 웃음소리가 들려서 깜짝 놀라게 된다. 웃음소리가 나는 쪽을 보면 매우 거대한 여자가 자신을 비웃고 있어서 두 번 놀라게 된다. 허둥지둥 한참을 도망가도 커다란 웃음소리가 계속 들려와서 세 번 놀라게 된다. 이것은 케라케라온나(倩兮女)의 짓이다. '우왕!' 하고 소리쳐서 사람을 놀라게 하는 요괴 「우왕(うわん, 64P)」의 동료일 것이다.

코쿠리바바아(古庫裏婆)

옛날에, 산속 깊은 곳에 있는 절에 노파의 모습을 한 무서운 요괴가 있었다. 이 요괴는 사원 안에 있는 주거 공간에 숨어 살며 시주로 바친 공물을 훔친다. 그뿐 아니라 무덤에 묻힌 지 얼마 지나지 않은 시체를 파내어 먹고 머리칼을 뽑아내 옷을 짠다고 한다. 그 죄가 너무나도 커서, 코쿠리바바아(古庫裏婆)는 지금도 성불하지 못하고 있다.

코사메보우(小雨坊)

에도 시대의 일이다. 나그네가 비 오는 산길을 걷고 있었는데, 스님 처럼 보이는 남자가 다가와서 「좁쌀을 주지 않겠는가?」라며 먹을 것 을 구걸했다. 나그네는 마침 가지고 있던 좁쌀을 나누어주었다. 「스 님처럼 보이는데, 누구신지요?」라고 말하자 남자는 웃으면서 「나는 코사메보우(小雨坊)다. 비 오는 날, 산길을 걷는 자에게서 좁쌀을 받고 있지」라고 답했다. 이러한 일이 거듭되자, 당시의 나그네들은 좁쌀을 준비해 다니게 되었다고 한다. 나그네가 좁쌀을 주지 않았더라면 무 슨 일이 벌어질지 모르는 일이다.

고타이멘(五体面)

거대한 머리가 몸통을 겸하여, 머리에서 손발이 돋아나온 이상한 모습의 요괴다. 모습을 보면 무심코 웃음이 터져버리지만, 고타이멘(五体面)은 다른 사람이 웃는 것을 매우 좋아하는 특이한 요괴이다. 이 요괴는 영주가 머무는 저택의 객실 같은 곳에 나타나지만, 그러한 곳에 있는 사람은 자존심이 강하고 체면을 중시하기 때문에 고타이멘을 봐도 좀처럼 웃지 않는다. 그러면 화가 나서 저택을 난장판으로 만들고, 이윽고 날뛰다 지쳐서 곯아떨어진다고 한다. 상당히 성가신 요괴다.

코보우즈(小坊主)

남자가 산에서 하는 일을 마치고 집 앞에 도착했는데, 집안에서 기척이 느껴졌다. 어두워서 잘 보이지는 않지만, 4~5명의 까까머리를 한 어린아이들이 이로리(囲炉裏, 일본의 농가 등에서 마룻바닥을 사각형으로 파고 난방과 취사용으로 불을 피우는 장치 - 역주)에서 불을 쬐고 있는 그림자처럼 보인다. 이게 무슨 일인가 싶어 집안에 들어갔지만, 그것들은 살금살금 마루 밑으로 기어들어가 보이지 않게 되었다고 한다. 모습은 좀처럼 보기 어렵지만, 사람에게 해를 입히는 요괴는 아니다. 토호쿠(東北) 지방에 나타나는 자시키와라시(座敷童子, 23P)와 비슷한 요괴다.

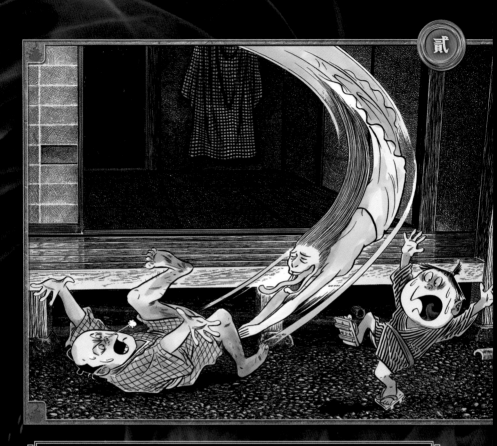

사카온나(逆女)

바다나 우물 등에 몸을 거꾸로 던져서 죽은 여성이, 살해당했을 때의 모습(즉, 거꾸로 된 상태)으로 망령이 되어 나타난 것을 사카온나(逆女)라고 한다. 대개는 밤에 인적이 드문 장소에서 나타나지만, 집안이나 정원 같은 곳에서 나타나기도 한다. 어떤 사람은 집의 변소에서 돌연 나타난 사카온나를 보고 놀라 기절했다고 하며, 또는 어느 집의 툇마루에 나타난 사카온나가 부모와 그의 자식을 놀라게 했다는 이야기도 전해진다. 원한이 깃든 요괴이지만, 사람을 놀라게만 할 뿐 그 이상의 나쁜 행동은 하지 않는 듯하다.

산키치오니(三吉鬼)

아키타(秋田)현 지역에서는 유명한 요괴이다. 술집에 갑자기 나타난
수상한 남자가 배 터지게 술을 퍼마신 후에 값을 지불하지 않고 모습
을 감추었다. 주인은 분했지만, 다음날에 떼어먹힌 술값의 10배 정도
는 가치가 될 장작더미가 현관에 쌓여 있었다고 한다. 이 소문이 알
려지자 다른 곳에서도 그러한 남자가 오면 술을 마시게 해주었고, 장
작 또한 매번 제대로 보내져 왔다고 한다. 이윽고 남자는 산키치오니
(三吉鬼)라 불리며, 큰 인기를 끌었다.

산세이(山精)

깊은 산속에서 생활하는 사냥꾼이나 나무꾼에게는 산세이(山精)가 찾아온다. 산장을 엿보거나, 손을 안으로 들이 밀거나, 제멋대로 들어와서 소금을 구걸한다. 소금은 사람이 살기 위해 매우 중요한 것이지만, 그것은 요괴에게도 마찬가지인가 보다. 더구나 옛날에는 소금이 귀중품이었기에 더욱 건네주고 싶지 않았을 것이다. 하지만 산세이를 화나게 하면 큰일이기에 마지못해 주면 기뻐하며 돌아갔다. 그리고 다음날에는, 그에 대한 보답으로 산새나 민물 게처럼 산에서 구한 사냥감을 두고 간다고 전해진다.

시타나가바바아(舌長婆)

두 나그네가 어떤 노파에게 하룻밤 묵게 해달라고 요청했다. 그날 밤, 나그네 한 명은 잠들었지만 다른 한 명은 아직 깨어 있었다. 그런데 어디선가 1m나 되는 긴 혀가 나와, 잠든 남자의 얼굴을 날름날름 핥는다. 노파의 정체는 시타나가바바아(舌長婆)였다. 나그네가 놀라자, 이번에는 「도와주마!」라며 얼굴이 붉은 거한 슈노본(朱の盤, 24P)이 들어왔다! 나그네가 정신을 차리고 칼로 내려치자 슈노본은 사라졌지만, 시타나가바바아는 자고 있던 나그네 한 명을 붙잡고 도망쳤다. 그 순간 집은 사라졌고, 주변엔 온통 들판이 펼쳐져 있었다고 한다.

시바카키(しばかき)

밤길에 돌을 집어던지는 요괴다. 「시바(しば, 잔디를 뜻하는 일본어 - 역주)」
란 식물을 의미하는 것으로 보이며, 짧은 풀이 자란 장소에서 「으드
득으드득」소리를 내며 돌을 던지기 때문에 이러한 이름이 붙여진 것
이라 추측되나, 정체에 관해서 알려진 것은 없다. 길가에서 돌을 던
져오는 요괴는 일본 각지에 많이 존재한다. 스나카케바바아(砂かけ婆,
27P) 등도 그 동류일 것이다.

쟈코츠바바아(蛇骨婆)

뱀을 모신 「헤비즈카(蛇塚)」라고 하는 장소가 전국적으로 존재한다.
그중에는 쟈고에몬(蛇五右衛門)이라는 뱀 모습의 괴물이 봉인된 헤비
즈카가 있다. 쟈코츠바바아(蛇骨婆)는 쟈고에몬의 아내로, 오른손에
푸른 뱀을 왼손에 붉은 뱀을 들고 헤비즈카를 지키기 위해 다가오는
자를 위협한다. 이 헤비즈카의 위치에 대해서는 알려진 것이 없다.

시리메(尻目)

옛날에, 교토(京都)에 나타났다고 하는 이상한 요괴다. 밤길을 걷고 있는 무사를 어떤 남자가 불러 세웠다. 「누구냐!」라고 경계하자, 그 남자는 옷을 벗어 엉덩이를 내밀었다. 그 엉덩이에는 거대한 눈알이 번쩍이며 빛을 내었다! 그것을 보고 놀란 무사는 도망쳐 버렸다고 한다. 이 요괴는 시리메(尻目)로, 눈도 코도 입도 없는 놋페라보우(のっぺら坊, 눈 코 입이 없는 요괴로, 너구리 등이 둔갑한 모습이라는 설과, 30P에 소개된 '놋페후호후'와 같은 요괴로 보는 설도 있다 - 역주)의 동류라 여겨지고 있다. 엉덩이를 보여 사람을 놀라게 하지만, 그 외에는 아무 짓도 하지 않는다.

스이세이노오키나(水精の翁)

무엇인가 작은 것이 나타나서, 밤에 자고 있는 무사의 얼굴을 어루만
졌다. 놀라서 밤중에 잠이 깬 무사가 정원의 연못을 살펴보니, 다시
얼음처럼 차고 작은 것이 뺨을 어루만졌다. 무사가 그 작은 것을 붙
잡아 꽁꽁 묶고 불을 켜자, 카미시모(裃, 에도시대의 무사의 예복 차림 - 역주)
를 입은 작은 노인의 모습이 보였다. 노인이 「대야에 물을 받아주시
오」라고 부탁하여 시키는 대로 하니, 물에 비치는 모습을 바라보며
「나는 물의 정령이다!」라고 말하고는 대야 속에 들어가 모습을 감춰
버렸다고 한다.

숫폰노유우레이(すっぽんの幽霊)

에도 시대의 일이다. 세 남자는 너무나 좋아하는 자라 요리와 함께 술을 마시곤 했다. 어느 날, 평소처럼 자라를 사러 갔는데, 가게 주인의 얼굴이 자라처럼 보이는 것이다. 놀라서 다리를 보니 이상하게 길어서, 마치 유령처럼 보였다. 세 사람은 허둥지둥 집에 도망가서, 코타츠(こたつ, 담요를 덮어 사용하는 화로형 난방기기)에 들어갔지만 몸의 떨림이 멈추질 않는다. 자라를 너무 많이 먹어서 자라 유령을 본 것이라 여겨진다.

즌베라보우(ずんべら坊)

노래를 잘하는 코우베에라는 남자가 있었다. 해질녘에 산길을 걸으
며 기분 좋게 노래를 불렀는데, 같은 노래를 더욱 아름답게 따라 부
르는 소리가 들렸다. 「누구냐!」라고 묻자, 똑같이 「누구냐!」라는 소리
가 들리며 한 명의 남자가 나타났다. 그 얼굴엔 눈도 코도 입도 없었
다. 달걀에 머리카락을 붙인 것 같은 모습을 한 즌베라보우(ずんべら
坊)였다. 놀라서 도망친 코우베에는 자고 있던 옆 마을의 지인을 깨
워서 본 것을 이야기를 했다. 그러자 지인은 「그 요괴는 이런 얼굴이
었나?」라며 얼굴을 들었고, 거기에는 즌베라보우가……!

세키요우(石妖)

이즈(伊豆) 지방의 산속에 채석장이 있었다. 그곳에서 채석공이 쉬는데, 아름다운 여성이 나타나 「안마를 해드릴까요?」라고 말했다. 이에 한 명의 채석공이 부탁했고, 기분이 좋은지 이내 잠들어버렸다. 하지만 다른 한 명의 채석공은 수상해보여 그 장소를 빠져나왔다. 그러다가 도중에 만난 사냥꾼에게 그 상황을 설명했다. 채석공과 함께 채석장에 간 사냥꾼이 소총을 쏘자 여자는 사라지고, 대신에 돌이 부서져 흩어졌다. 여자는 요괴 세키요우(石妖)였던 것이다. 안마를 받고 잠든 채석공의 몸에는 돌에 세게 긁힌 것 같은 상처가 나 있었다.

소데히키코조우(袖引き小僧)

길을 걷고 있을 때, 상의의 소매가 잡아당겨지는 것 같은 느낌이 들때가 있다. 신경 쓰지 않고 계속 걸어가려고 해도, 또다시 쭉쭉 잡아당겨진다. 이것은 요괴 소데히키코조우(袖引き小僧)가 하는 장난이다. 사람의 소매를 잡아당기고 좋아할 뿐, 다른 나쁜 짓은 하지 않고 생긴 모습도 무섭지 않다.

소로반보우즈(算盤坊主)

인기척이 드문 길에 있는 커다란 나무의 그림자에서 주판을 팅기는 소리가 탁탁 잘각잘각 거리며 들려온다. 나무에 가까이 다가가 살펴 보려고 하면 소리가 갑자기 사라졌다가, 다른 장소에서 또다시 소리 가 들려온다. 소리로 사람의 주의를 끌고 좋아하는 것이라 여겨진다. 소리는 들려오지만, 그 요괴의 모습을 본 사람은 없다고 한다. 그렇 기 때문에 요괴의 정체는 일종의 영으로 추정된다.

타카온나(高女)

키가 큰 여자 요괴다. 하반신을 쑤욱 하고 늘려서, 기루의 2층을 엿보며 돌아다니는 것으로 알려진다. 남자에게 인기가 없고 질투심이 많은 여자가 타카온나(高女)로 변했다는 설도 있지만, 오니(鬼)라는 설도 있다. 타카온나의 동류로 타카뇨우보우(高女房)라 불리는 요괴는, 평소 평범한 여자의 모습을 하고 있지만 화가 나면 거대해졌다고 한다. 30명이 넘는 사람을 잡아먹었다고도 전해지는 무서운 요괴이다!

 타카뉴우도우(高入道)

에도 시대 중기 때, 교토(京都) 지역에서 괴물이 나온다는 소문이 돌았다. 어느 날 밤에 환전상 일을 하는 큐베에라는 남자가 달을 보고 있었는데, 갑자기 하늘이 흐려지기 시작하더니 주변이 온통 어둠에 휩싸였다. 그리고는 눈앞에 1장(약 3m) 남짓의 덩치 큰 남자가 나타나서 큐베에를 노려보는 것이다. 놀란 큐베에가 주변에 있던 목편 등을 내던지자 그 남자는 사라졌고 달이 빛나고 있었다. 그 남자의 정체는 타카뉴우도우(高入道)로, 미아게뉴우도우(見上入道, 154P)와 비슷한 요괴일 것으로 전해진다.

다다미타타키(畳叩き)

밤중에 다다미를 두들기는 소리를 내는 요괴다. 옛날에 어떤 남자가 다다미타타키(畳叩き)의 정체를 밝혀내려고 가만히 귀를 기울이고 있었는데, 대나무 숲에 있는 돌 속에서 소리가 들려왔다. 돌 앞에서 서서 기다리자, 얼마 지나지 않아 작은 사람이 돌에서 나와 소리를 내기 시작했다. 남자는 그 돌을 가져와서 연구를 하려 했지만, 그 날부터 얼굴에 반점이 나더니 날이 갈수록 점점 커져가는 것이다. 남자는 벌을 받은 것이라고 생각되어, 돌을 원래의 장소에 돌려놓으니 반점도 사라졌다고 한다.

쵸우친코조우(提灯小僧)

무사 한 명이 등불로 발밑을 비추면서 밤길을 걷던 중에 가랑비가 내리기 시작했다. 걸음을 서두르는데, 뒤에 낯선 꼬마가 쫓아와서 무사를 추월하더니 멈춰 섰다. 무사가 그 앞을 지나치니, 또다시 추월하고는 멈춰 섰다. 이상하게 생각한 무사는 꼬마에게 다가가며 등불로 얼굴을 비추었다. 그러자 꼬마의 새빨간 얼굴이 보였다. 무사가 놀라서 멈춰 서자, 꼬마는 스윽 하고 사라졌다. 이 꼬마의 정체가 쵸우친코조우(提灯小僧)이다. 가랑비가 내리는 밤에, 어떤 이유도 없이 억울하게 살해당한 장소에서 나타나는 요괴라고 한다.

쵸우멘요우죠(長面妖女)

남자가 어두운 밤길을 걷고 있을 때, 등불의 불빛이 꺼졌다. 가려던 방향에는 마침 다행히 등불을 들고 맨발로 있는 여자가 있었다. 남자가 그 뒤를 쫓아갔더니, 여자는 3장(약 9m) 정도의 높이로 잘려진 나무에 기대어 서서 남자를 보았다. 그리고는 여자의 몸은 삽시간에 나무의 높이보다 거대해졌다. 얼굴의 길이만 1장(약 3m)은 되었다고 한다. 거대해진 여자는 남자를 내려다보며 히죽히죽 웃기 시작했다. 이 요괴가 몸집을 갑자기 거대하게 키워서 사람을 놀라게 하는 쵸우멘요우죠(長面妖女)이다.

쵸쿠보론(猪口暮露)

「쵸쿠(猪口)」는 술을 마실 때 사용하는 작은 잔을 의미한다. 이것을 머리에 뒤집어쓰고, 떼를 지어 와글와글 나타나는 작은 승려를 쵸쿠보론(猪口暮露)이라고 한다. 「보론(暮露)」이란, 퉁소를 불면서 집집을 돌아 시주를 받으며 전국을 행각하는 「탁발승」을 의미한다. 쵸쿠보론도 이쑤시개처럼 작은 퉁소를 불며 떠돌아다니는 것으로 전해진다. 옛날에는 죄를 범한 무사나 복수를 하려는 낭인 등이 정체를 숨기기 위해서 탁발승으로 변장하는 경우가 많았다. 쵸쿠보론도 보이는 것보다 위험한 요괴일지도 모른다.

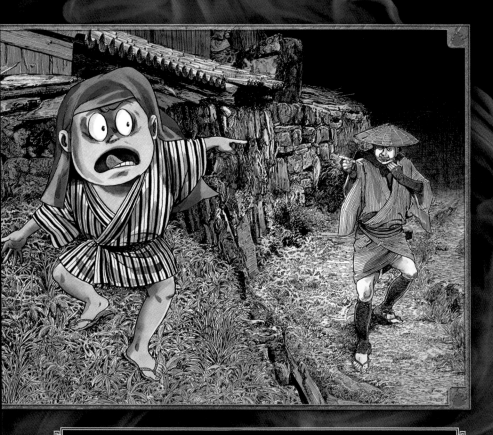

친치로리(ちんちろり)

옛날에 카토라고 하는 남자가 밤길을 걷는데, 뒤쪽에서 「카토는 친치로리(ちんちろり)」라며 말하는 소리가 들렸다. 용감한 카토는 동요하지 않고 「그런 자야말로 친치로리」라고 되받아쳤고, 똑같은 말을 서로 주고받는 사이에 집에 도착했다. 카토가 뒤를 돌아보니, 지붕 위에 꼬마 한 명이 서 있었다. 그러자 그 꼬마는 「그것 참 드센 놈이로군!」이란 말을 남기며 사라졌다. 이것은 야마구치현 이와쿠니시 지역에서 일어난 일로, 이 지역에서는 남에게 지지 않으려고 말을 되받아칠 때에 「그런 자야말로 친치로리」라는 말을 하는 것으로 전해진다.

츠라라온나(つらら女)

눈보라 치는 밤, 어떤 부부의 집에 아름다운 여자가 찾아와 하룻밤
묵게 해달라고 부탁했다. 부부는 부탁을 들어주었고, 계속되는 폭설
로 머무는 기간이 길어지자 점점 친해졌다. 어느 날, 목욕물을 데우
고 여자에게 권유했지만 좀처럼 목욕탕에 들어가려 하지 않았다. 그
럼에도 열심히 권유하자 슬픈 표정으로 목욕탕에 들어가서 좀처럼
나오지 않았다. 걱정된 부부가 목욕탕을 들여다보니, 여자는 사라지
고 없었다. 욕조에는 빗이 한 개 떠 있었고, 얼어붙은 수증기가 고드
름이 되어 천장에 매달려 있을 뿐이었다.

테아라이오니
(手洗い鬼)

옛날에 카가와(香川)현 타카마츠(高松) 지역에서 마루가메(丸亀) 지역 사이에 걸쳐진 산들까지 3리(약 12㎞)의 거리를 넘나들며, 세토나이카이(瀬戸内海, 혼슈 섬과 시코쿠 섬, 규슈 섬 사이의 좁은 바다 - 역주)의 바닷물로 손을 씻는 거인이 있었다. 그 거인의 정체는 사누키의 테아라이오니(讃岐の手洗い鬼)다. 혼슈(本州) 지역에 산과 호수와 늪을 만들었다고 전해지는 전설의 거인 다이다라봇치(ダイダラボッチ)가 있는데, 테아라이오니는 그의 부하인 것으로 여겨지고 있다. 카가와현 지역 이노(飯野)산의 정상 부근에는, 그 거인이 산에 발을 걸쳐서 세토나이카이의 바닷물을 마셨을 때 남겨진 발자국이 있다고 한다.

제 2 장 사람을 닮은 모습으로 그려진 요괴

뎃치(てっち)

이즈(伊豆)제도 하치조(八丈)섬에 사는 노파 모습의 요괴다. 사람을 행방불명으로 만들거나, 산에서 길을 잃게 만든다고 한다. 그럼에도 이 요괴와 친해지면, 일을 도와주거나 산에서 길을 잃은 아이를 구해준다고 전해진다. 그렇게까지 나쁜 요괴는 아닌 듯하며, 아마도 야만바(山姥, 66P)와 비슷한 요괴로 여겨진다.

테나가바바아(手長婆)

연못이나 늪 또는 호수의 밑바닥에서 살고 있는 요괴다. 머리가 흰 노파의 모습으로 알려져 있지만, 누구도 길고 거대한 손밖에 볼 수 없었다. 사람을 물속에 끌어들이는 나쁜 요괴로 생각될 수 있지만 그 반대이다. 물가에 있는 어린아이에게 사고가 일어나지 않도록 주의를 주거나, 위험한 물가에서 노는 어린아이에게는 야단치는 등, 마치 보호자처럼 행동하는 요괴다.

테노메(手の目)

맹인 한 명이 도둑질을 일삼는 악당의 칼에 베여 목숨을 잃고 말았다. 억울함에 성불을 못한 맹인은, 자신을 살해한 악당에게 복수하기 위해 매일 밤 헤매고 다녔다. 그 요괴는 눈이 보이지 않았지만, 손으로 더듬으며 악당을 찾던 중에 너무나 격렬한 집념으로 인해서 손에 눈이 만들어졌다. 그 후부터는 보름달이 뜬 밤이 오면 손에 달린 눈을 치켜들고 악당을 찾아 돌아다니게 되었다고 한다.

텐지(天子)

하치조(八丈)섬의 깊은 동굴 속에서 사는 어린아이 모습의 요괴다. 어린아이와 함께 놀거나, 산지기의 오두막에 나타나 사람의 귀를 잡아당기는 장난을 친다. 큰 목소리로 화를 내면「햣, 햣!(ヒャッ、ヒャッ)」하고 크게 소리를 내 호기롭게 웃고는 달아난다고 한다. 때로는 굶주린 사람에게 먹을 것을 가져다주는 경우도 있는데, 그럴 때도「햣, 햣!」하고 크게 웃으며 떠나간다고 한다.

텐죠우사가리(天井下がり)

에도 시대의 화가 토리야마 세키엔(鳥山石燕)이 그린 화집『콘쟈쿠가즈조쿠햣키(今昔画図続百鬼)』에 소개된 요괴다. 그 화집에「미녀는 아니다」라고 기록되어 있는 것으로 봐서, 요괴의 성별이 여성으로 추정된다. 갑자기 천장에서 떨어지면서 나타나 사람을 놀라게 한다. 왠지, 히죽히죽 웃고 있는 표정이 밉살맞아 보인다.

토우후코조우(豆腐小僧)

비가 부슬부슬 내리고 있을 때, 대나무 숲에서 커다란 삿갓을 쓴 어린아이가 나타난다. 그 어린아이가 들고 있는 쟁반에 두부가 올려져 있으면, 그것은 토우후코조우(豆腐小僧)라는 요괴다. 두부가 무척 맛있어 보이지만, 무심코 먹게 되면 몸에 곰팡이가 핀다고 하니 주의해야 한다.

도우모코우모(どうもこうも)

옛날에 「도우모(どうも)」와 「코우모(こうも)」라는 이름의 의사가 있었는데, 둘 다 「내가 일본 최고의 명의다!」라며 양보하지 않았다. 어느날, 두 의사는 승부를 겨루었다. 먼저 두 사람은 자신의 팔을 자른 다음 다시 연결해 보였다. 다음에는 교대로 상대의 목을 자른 다음 다시 붙였다. 서로 막상막하였다. 마지막에는 서로의 목을 동시에 자르고 누가 더 빨리 연결하는지 경쟁했다. 하지만, 목을 붙여줄 의사가 없어서 모두 죽고 말았다. 「도우모코우모나라나이(どうもこうもならない, 이러지도 저러지도 못한다)」는 말은, 이 승부에서 생겨났다.

도도메키(百々目鬼)

손이 길고 예쁘면서, 타고난 손재주도 매우 뛰어난 여성이 있었다. 하지만 그 뛰어난 손재주로 남의 돈을 잘 훔쳤다고 한다. 여기까지는 보통의 도둑이지만, 훔친 엽전은 빠르게 여자의 몸에 달라붙어서 눈동자로 변했다고 전해진다. 이 여성의 정체가 바로 팔에 눈이 무수하게 달린 요괴 도도메키(百々目鬼)인 것이다.

도로타보우
(泥田坊)

호쿠리쿠(北陸) 지역의 들판에 나타
나는 요괴다. 옛날에 가난했지만
부지런한 농부가 있었다. 황무지
를 일구어서 드디어 쌀을 수확할
수 있게 되었지만, 농부는 병으로
죽고 만다. 뒤를 이은 아들은 게으
름뱅이로 죽은 농부가 힘들게 일
구어놓은 논을 방치하다가 팔아치
워 버렸다. 그러자 논에서 요괴가
나타나 「논을 돌려줘!」라며 부르짖
기 시작했다고 전해진다. 죽은 농
부의 원통한 마음이 요괴 도로타
보우(泥田坊)로 변한 것이다.

제 2 장 사람을 닮은 모습으로 그려진 요괴

나키바바아(泣き婆)

에도 시대 중기의 시인 요사부손(与謝蕪村)은 요괴를 그린 그림을 몇
점 남겼는데, 그 그림 중에 나키바바아(泣き婆)도 그려져 있다. 나키바
바아는 시즈오카(静岡)현의 여관에서 나타났다고 하며, 그 요괴가 집
문 앞에서 울면 그 집에 반드시 좋지 않은 일이 일어난다고 전해진
다. 어쩌면 나키바바아의 울음소리가 불행을 불러들여 오는 것일지
도 모른다.

난도바바아(納戶婆)

난도(納戶)란 평소에 사용하지 않는 가구나 의상을 보관하기 위해 만들어진 일본 가옥의 방을 말한다. 그렇기 때문에 그다지 출입할 일이 없고 대개는 어둑어둑하다. 난도바바아(納戶婆)는 이러한 난도에 숨어 지내다가, 누군가가 문을 열면 「홋!」하고 외치며 나타난다. 빗자루로 때리면 허둥지둥 달아나는 요괴로 무섭지 않다.

니쿠스이(肉吸い)

미에(三重)현 쿠마노(熊野) 지방에 나타났다고 전해지는 무서운 요괴
다. 아름다운 여자의 모습으로 「호호」 웃으면서 사람에게 다가와, 눈
깜짝할 새에 살을 빨아 먹어버린다고 한다. 불을 싫어하는지, 화승총
의 화승(나무껍질이나 실을 줄로 만들어 잘 타도록 질산칼륨을 스며들게 한 심지)에
불을 붙이니 도망갔다고 전해진다. 어떤 사냥꾼이 탄알에 「나무아미
타불」이라는 글을 적고 화승총으로 쏘았더니, 니쿠스이(肉吸い)가 쓰
러졌고 그 몸에는 뼈와 가죽만 있었다고 한다.

🌶 뉴우도우보우즈(入道坊主)

미아게뉴우도우(見上入道, 154P)의 동류라고 일컬어지는 요괴다. 아이치(愛知)현 지역에 나타난 뉴우도우보우즈(入道坊主)는 처음 보면 1m 정도의 크기지만, 가까이 다가가면 2m 정도로 커진다고 한다. 「보고 있었다고!」라고 뉴우도우보우즈에게 말을 하면 화를 면할 수 있지만, 상대가 먼저 말하면 죽게 된다는 이야기도 있다. 또, 후쿠시마(福島)현 지역의 사람들은 뉴우도우보우즈의 정체를 족제비로 여기고 있기 때문에 요괴를 너무 올려다보고 있으면 목을 물리게 된다고 전해진다.

제 2 장 사람을 닮은 모습으로 그려진 요괴

누마고젠(沼御前)

후쿠시마(福島)현에 있는 누마자와(沼沢) 호수의 주인으로 여겨지는
요괴다. 옛날 에도 시대 중기의 일이다. 사냥꾼 한 명이 늪에 갔는데,
스무 살 정도의 미녀가 허리까지 물에 잠긴 채로 오하구로(お歯黒)를
바르고 있었다. 머리카락의 길이는 2장(약 6m) 정도로 매우 길어 보였
다. '이것은 요괴임이 틀림없다!'라고 판단한 사냥꾼이 총으로 쐈다.
그러자 이내 먹구름이 드리워졌고, 물 밑바닥에서 천둥번개가 울리
듯 큰 소리가 나면서 수면이 일렁이기 시작하였다. 무서운 현상이 벌
어졌지만, 사냥꾼은 다행히 별 탈 없이 무사했던 것으로 전해진다.

누레오나고(濡れ女子)

시코쿠(四国)나 큐슈(九州) 지역의 해안 등에서 목격된 여성 요괴이다. 비 오는 날 밤에 머리카락이 젖은 모습으로 물속에서 나타난다. 에히메(愛媛)현 지역의 누레오나고(濡れ女子)는 히죽 웃으며 나타나기 때문에 「와라이오나고(笑い女子)」라고도 불린다. 이때 무심코 같이 웃게 되면, 평생 달라붙어서 따라다닌다고 하니 주의해야 한다!

네부토리(寝肥り)

옛날에 아름다운 여성이 있었는데, 편하게 뒹굴뒹굴 지내다 보니 살이 찌기 시작했다. 누우면 살이 방에 가득 퍼진 것처럼 되고, 코골이도 점점 커지게 되었다. 사람들은 이 여성을 네부토리(寝肥り)라고 불렀다. 전혀 매력이 느껴지지 않고, 코골이 소리도 시끄러워서 대부분의 남자들이 싫어했다. 요괴라기보다는, 늦잠이나 운동 부족을 훈계하기 위해 만들어진 요물이라는 설이 있다.

노데라보우(野寺坊)

해질녘이 되면 종소리가 들린다. 종을 치는 시간도 아니고, 애초에
이 주변에는 종을 칠 절도 없는데 확실하게 들려온다. 이 종소리는
요괴 노데라보우(野寺坊)의 짓이다. 언제나 너덜너덜한 옷을 몸에 걸
치고 있으며, 왠지 매우 쓸쓸해 보인다고 한다.

🦦 노비아가리 (のびあがり)

에히메(愛媛)현 지역에서는 보면 볼수록 점점 거대해지는 요괴를 노비아가리(のびあがり)라고 부른다. 이러한 종류의 요괴는 대부분 너구리 등의 동물이 둔갑한 것으로 전해지며, 노비아가리도 수달이 둔갑한 것이라 여긴다. 땅 위에서 30cm 정도 되는 공간을 발로 차거나, 다른 곳을 보고 있으면 노비아가리의 모습이 사라진다고 한다.

하시히메 (橋姫)

교토(京都)부 지역을 흐르는 우지(宇治)강의 다리 주변에서 나타난다. 옛날, 우지강 부근에 어떤 부부가 살고 있었다. 어느 날, 남편이 용궁에 간다며 집을 나선 뒤 돌아오지 않았다. 아내가 너무나도 슬퍼하다가 죽어버리자, 그 혼이 하시히메(橋姫)가 되었다고 한다. 또 다른 이야기도 있다. 하시히메는 우지강의 정령으로, 거기에 스미요시묘진(住吉明神, 여울에서 태어난 세 명의 신의 총칭 - 역주)이 찾아왔다. 동이 틀 무렵에 스미요시묘진이 돌아가자, 하시히메는 너무나도 슬픈 나머지 사납게 날뛰었다고 한다. 하시히메는 매우 격정적인 요괴인 듯하다.

하리오나고(針女)

에히메(愛媛)현 미나미우와(南宇和)군 주변에서 자주 나타난다고 한다.
어떤 남자가 아름다운 여자를 보고 미소를 지었더니, 그 여자는 산발
한 머리카락을 무수히 뻗으며 남자를 쫓았다. 남자는 집안으로 도망
쳐서 화를 면했지만, 문에는 갈고리로 긁힌 것 같은 자국이 무수히
생겨 있었다. 요괴의 정체는 하리오나고(針女, '바늘 여자'란 뜻이다 - 역주)
로, 산발한 머리카락 끝은 낚시 바늘처럼 갈고리로 되어 있다. 낚시
바늘 같은 머리카락을 뻗어 남자를 낚아채고는 데려가 버리는데, 이
요괴에게 잡히면 아무리 건장한 남자라도 꼼짝 못 한다고 전해진다.

히다루가미 (ひだる神)

산에서 히다루가미(ひだる神)에게 홀리면 배가 고파져서 한발자국도
움직이지 못하게 되어 버린다. 그럴 때는 남아 있는 도시락을 한입
먹거나, 손바닥에 「쌀(米)」을 적고 그것을 세 번 핥으면 기운을 되찾는
다고 한다. 산에서 죽은 채로, 제사 지내지지 못한 혼이 히다루가미
가 된다고 여겨진다. 산속 산마루 등에서 히다루가미가 자주 출몰한
다고 하니 조심하자!

히토츠메뉴우도우(一つ目入道)

어느 날 가난한 의사에게 무사 일행이 찾아와 내진을 부탁했다. 의사는 무사 일행을 따라 어떤 저택으로 내진을 갔는데, 거기에는 키가 2미터가 넘는 히토츠메뉴우도우(一つ目入道)가 있었다. 히토츠메뉴우도우의 몸집은 거대했지만 사나운 느낌은 들지 않았고, 곧이어 매우 호사스러운 연회가 시작되어서 의사는 권유받는 대로 술을 마셨다. 그리고 정신이 들었을 때에는 자택에 있었다. 아내에게 물어보니, 붉은 오니(赤鬼)와 푸른 오니(青鬼)가 가마에 태워서 데려다주었다고 한다. 이 신기한 체험은 금세 사람들의 화제가 되었다고 전해진다.

히마무시뉴우도우(火間虫入道)

사람들이 밤늦게까지 일을 하고 있으면, 슬며시 나타나서 행등의 기름을 핥아 불을 꺼버린다. 히마무시뉴우도우(火間虫入道)는, 게으름만 피우다 일생을 끝마친 사람이 요괴가 된 것으로, 성실하게 일하는 사람들을 방해하는 요괴로 전해진다. 「히마무시야뉴우도우(火間虫夜入道)」라고도 불린다. 토리야마 세키엔(鳥山石燕)의 화집 『콘쟈쿠햣키슈우이(今昔百鬼拾遺)』에 히마무시뉴우도우의 모습이 그려져 있다.

히요리보우(日和坊)

맑은 날에만 나타나고, 비가 오거나 흐린 날에는 나타나지 않는다. 매우 특이한 요괴로, 장난을 치지도 않고 그저 나타나서 가만히 있을 뿐이다. 사람들은 그러한 히요리보우(日和坊)를 보고서 날씨를 확인하게 되었고, 「히요리보우에게 내일은 맑은 날씨가 되게 해달라고 부탁해야겠다」라며 인형을 만들어 처마 끝에 매달아 놓는 사람도 있었는데, 이것이 테루테루보우즈(てるてる坊主, 맑은 날씨를 기원하며 처마 끝에 매달아 두는 종이인형 - 역주)의 원형이라고 전해진다.

🌀 빈보우가미(貧乏神)

어떤 남자가, 더러운 기모노를 입은 노인이 2층에 올라가는 꿈을 꾸었다. 그 꿈을 꾸고 난 후부터 남자는 점점 가난해져 갔다. 그러한 생활이 4년 동안 계속되던 중에, 남자는 또다시 더러운 기모노를 입은 노인의 꿈을 꾸었다. 2층에서 내려온 노인이 「구운 밥에 구운 된장을 조금 마련해서 쟁반에 놓고, 근처의 강에 흘려보내라!」라고 말하며 떠나가는 꿈이었다. 꿈에서 본 노인의 말대로 했더니, 남자는 드디어 가난을 벗어나게 되었다. 꿈에서 본 노인의 정체는 집에 들러붙는 빈보우가미(貧乏神, '가난뱅이 신'이란 뜻이다 - 역주)였던 것이다.

후키케시바바아(吹き消し婆)

양초나 행등에 켜진 불이 바람도 불지 않았는데 훅 하고 꺼져버리는 경우가 있다. 기름도 심지도 충분히 남아 있는데 어째서일까? 이것은 후키케시바바아(吹き消し婆, '입김을 불어서 불을 끄는 할멈'이란 뜻이다 - 역주)의 짓이다. 연회 등을 할 때, 멀리서 입김을 훅 하고 불어 불을 꺼뜨리거나, 불꽃을 작아지게 만들어서 사람들을 곤란하게 한다고 전해진다. 옛날에는 밤의 어둠을 밝힐 불빛이 등불밖에 없었기 때문에 사람들이 매우 곤란했을 것이다.

후타쿠치온나(二口女)

자신의 아이만을 사랑하고 전처의 아이에게는 먹을 것을 주지 않았던 여자가 있었다. 이윽고 전처의 아이는 굶어 죽어버렸고, 그 후로 49일째가 되던 날에 사건이 일어났다. 그 여자가 도끼에 찍혀 뒤통수가 쩍 갈라져 버린 것이다. 갈라진 뒤통수의 상처는 시간이 지나도 아물지 않았고, 오히려 입으로 변해버렸다. 그렇게 뒤통수에 생긴 입은 식욕이 왕성해서, 먹을 것을 주지 않으면 터무니없는 말을 떠들어 댔다고 한다. 이것이 요괴 후타쿠치온나(二口女)의 이야기로, 피가 이어지지 않은 의붓자식이 미워서 굶어 죽게 하면 후타쿠치온나가 된다.

후나유우레이 (船幽霊)

전국의 해안에 출몰하는 요괴이다. 밤바다를 항해하는 배에 나타나서 「국자를 내놔!」라고 말을 한다. 국자로 바닷물을 퍼부어 배를 침몰시키려는 속셈이다. 그러니 후나유우레이(船幽霊)를 만나면 밑이 빠진 국자를 바다에 던지면 된다. 그러면 아무리 국자로 퍼도 물이 담기지 않기 때문에 포기하며 떠난다고 한다.

후루소마(古杣)

일본에서는 나무꾼을 소마비토(杣人)라고도 부른다. 코치(高知)현의 깊은 산속에서, 모습은 보이지 않는데 소마비토의 목소리만 울려 퍼지는 일이 있다. 그리고 곧이어 나무가 부러지는 소리나 쓰러지는 소리가 생생하게 들리지만, 소리가 난 방향으로 가보면 아무런 흔적도 없다. 이러한 것은 후루소마(古杣)의 장난이다. 후루소마는 베어 넘긴 나무에 깔려서 죽은 소마비토의 유령이라고 일컬어지고 있다. 다른 장소에서 나타난 후루소마는 산속의 오두막을 흔들었다는 이야기도 전해진다.

부루부루(震々)

사람에게 공포심을 줘서, 몸을 떨게 만드는 요괴이다. 묘지 같은 인적이 드문 장소에 있으면 무서운 기분이 드는 경우가 있는데, 이것은 부루부루(震々)에게 홀려서 그런 것이다. 무더운 여름에도 이 요괴에게 홀리게 되면, 목 언저리나 등골이 서늘해지고 떨림이 멈추지 않게 된다.

🐚 베카타로우(べか太郎)

어린아이처럼 커다란 머리에, 하반신도 툭 튀어나와 있어 무척 볼품이 없어 보인다. 사람 앞에 나타나, 빨간 혀를 내밀며 양 눈의 밑 꺼풀을 손가락으로 밀어 내린다. 그렇다! 이 요괴는 「메롱」하며 사람을 놀리는 것이다. 일본에서 「베카(べか)」는 「혀를 내밀고 양 눈의 밑 꺼풀을 밀어내려 보이며 상대를 놀리는 행위」로, 이 요괴는 사람을 놀리며 모두를 불쾌하게 한다.

호소데(細手)

옆방에서부터 가늘고 기다란 손이 뻗어 나와, 오라고 손짓하듯 흐늘흐늘 움직였다. 이 이야기는 토호쿠(東北) 지방의 어떤 집에서 묵고 있던 사람이 경험한 것이다. 본 것은 그것뿐이었으나, 머지않아 그 집은 큰 해일에 휩쓸려버렸다고 한다. 호소데(細手)는 자시키와라시 (座敷童子, 23P)와 비슷한 종류의 요괴라고 여겨지며, 재난을 예언하는 유형인 듯하다.

호네온나(骨女)

해골만 남은 여자 요괴다. 옛날에 얼굴이 못생긴 여자가 삶을 비관하
고 자살했다. 시간이 지나자 죽은 여자는 해골이 되었는데, 어느 날
동료인 해골이 그 모습을 보고 「너는 해골이 되니 예쁘구나!」라고 칭
찬했다. 기분이 좋아진 호네온나(骨女, '뼈 여자'란 뜻이다 - 역주)는 딸그락
딸그락 소리를 내며 돌아다니게 되었다. 다만, 고승을 만나면 금세
덜그럭하고 무너져 내린다고 한다.

마이쿠비 (舞首)

카마쿠라 시대 중기, 이즈(伊豆) 지방에 코산타, 마타시게, 아쿠고로라는 세 명의 힘 센 무사들이 있었다. 축제날에 별것 아닌 일로 세 명의 무사는 말다툼을 하다가, 급기야 싸움으로 발전했다. 처음에는 아쿠고로가 코산타의 목을 베어 떨어뜨렸고, 이어서 마타시게에게 달려들었다. 그리고 격렬한 싸움 끝에 두 무사의 목이 동시에 지면에 떨어졌다. 그러나 3개의 무사 목은 떨어졌음에도 싸움을 멈추지 않았고 요괴 마이쿠비(舞首, '춤추는 목'이란 뜻이다 - 역주)가 되었다. 그 후, 한밤중이 되면 마이쿠비는 증오의 불길을 내뿜으며 바다 위를 떠돈다.

마츠노세이레이(松の精霊)

아이치(愛知)현에 있는 쵸우코우지(長興寺) 사원의 문 앞에 니류우마츠
(二龍松)라고 불리는 정령이 깃든 오래된 두 그루의 소나무가 있었다.
어느 날, 두 그루의 소나무 정령이 주지 스님 앞에 나타나서, 「벼루와
종이를 빌려다오」라고 말했다. 스님은 묘한 일이라고 생각되었지만,
상대가 신령한 소나무의 정령이었기에 벼루와 종이를 건네주었다.
두 정령은 무척 기뻐하는 표정으로 한시 같은 것을 써서 주며, 「이걸
로 재난이 절에 닥치지 않을 것이다」라는 말을 남기고 소나무 안으로
사라졌다. 주지 스님은 그 종이를 오래도록 보관했다고 한다.

미아게뉴우도우(見上入道)

승려처럼 보이는 요괴로, 보고 있으면 점점 거대해진다고 전해진다.
미아게뉴우도우(見上入道)인 것을 알았다면, 선수필승이다! 「미아게
뉴우도우, 넘어다봤다!」라는 주문을 외우고 땅바닥에 엎드리면 슥
하고 사라진다고 한다. 이와 같이 거대해지는 요괴가 많은데, 어쨌든
선수를 뺏기지 말아야 한다. 멍하니 있다간 목숨에 지장이 가는 경우
도 생기기 때문이다.

미카리바바아(みかり婆)

칸토(関東) 지방을 중심으로 나타나는 요괴다. 카나가와(神奈川)현 카와자키(川崎)시의 지역에서는 미카리바바아(みかり婆)가 2월 8일과 12월 8일에 찾아온다. 그 날은 현관에 바구니를 내놓고 집안에만 있는 편이 좋다. 카나가와현의 츠루미(鶴見) 지역 부근에서는 11월 25일에서 12월 5일에 걸쳐서 나타난다. 미카리바바아의 「미(み)」는 「도롱이(蓑)」를 뜻하는 것으로, 「도롱이를 빌려줘」라고 말하며 집집마다 문을 두들기고 돌아다닌다. 그림에서 미카리바바아 옆에 있는 요괴는 히토츠메코조우(一つ目小僧)로 함께 행동할 때도 있다고 전해진다.

무레이(夢霊)

옛날에 한 남자가 새벽녘 시골길을 걷는데, 석탑 위에서 여자의 목이 떨어지더니 남자에게 다가와서 깔깔거리며 웃었다. 남자가 칼로 베려 하자 여자의 목은 도망가서 어떤 집의 창문으로 들어가 버렸다. 남자가 창문에 다가가니, 「아아, 무서운 꿈을 꿨다. 꿈속에서 밖을 거닐고 있는데, 어떤 남자가 칼부림을 했어!」라며 이야기하는 여자의 목소리가 들렸다고 한다. 에도 시대의 요괴 이야기 등을 모은 책 『소로리모노가타리(曽呂利物語)』에 기록된 내용이다. 옛사람들은 꿈을 꾸는 것을 영혼이 밖으로 빠져나와서 보고 있는 것이라 믿었다고 한다.

메시쿠이유우레이(飯食い幽靈)

멋대로 집에 눌러앉아 음식을 다 먹어 치워버리며 큰 피해를 주는 요괴이다. 게다가, 메시쿠이유레이(飯食い幽靈, '식객 유령'이란 뜻이다 - 역주)에게 험담을 한 사람에게는 반드시 재앙이 일어난다고 한다. 이 요괴가 눌러앉은 어떤 집의 주인이 산속에 있는 수도자에게 기도를 부탁했다. 그러자 요괴는 집의 대들보를 톱으로 자르는 것 같은 소리를 내서 집주인을 놀라게 하였다고 한다. 사람에게 모습을 보이지 않는 것도 또한 밉살맞다.

 모몬지이 (百々爺)

평소에는 산속 깊은 곳에서 살고 있지만, 늦은 밤이 되면 사람들이 사는 곳으로 내려온다.

신출귀몰한 이 요괴와 마주치면 병에 걸리게 된다고 일컬어진다. 또, 떼를 쓰는 아이에게 「자꾸 떼쓰면 모몬지이(百々爺)에게 먹여버릴 테다!」라고 겁을 주는 지역도 있는 것으로 보아, 상당히 무서운 요괴였을 것이다. 하지만, 산속 깊은 곳에 사는 하늘다람쥐나 날다람쥐가 요괴의 모습으로 둔갑한 것이라는 설도 있다.

제 2 장 사람을 닮은 모습으로 그려진 요괴

야교우상(夜行さん)

「햣키야교우니치(百鬼夜行日)」란, 옛적부터 요괴들의 움직임이 활발해진다고 전해지는 특별한 날이다. 외눈박이 오니(鬼)인 야교우상(夜行さん)은, 햣키야교우니치의 날에 목 없는 말을 타고 행진을 한다. 행진하던 야교우상과 마주치면 발에 차여 죽임당하기 때문에, 그 날은 밤을 돌아다니는 사람이 없다. 하지만, 짚신을 머리 위에 얹어놓고 지면에 엎드려 있으면 공격당하지 않는다고도 한다. 토쿠시마(德島)현에서는 절분 날 밤에 나타난다고 전해진다.

아도우카이 (夜道怪)

사이타마(埼玉)현 지역에 전해지는 요괴다. 산발한 머리와 찢어진 옷
차림이 특징으로, 커다란 짐을 짊어지고 찾아온다. 아이를 유괴하는
요괴로 알려져 있으나, 사실은 보통의 사람으로 코야(高野)산에서 수
련하는 승려란 설도 있다. 해질녘이 되면 마을의 길바닥에 서서 「야
도우카!(ヤドウカ)」라고 크게 소리친다고 한다. 여관방을 빌려달라는
뜻인 걸까? 반응이 없으면 다음 마을로 떠나간다.

야나리(家鳴り)

어느 날 갑자기 집의 유리창과 문이 달그락달그락 흔들린다. 덜컹덜컹, 쿵쿵쿵 흔들리는 소리가 점점 더 커진다. 지진은 아니다! 원인을 알 수 없다! 서양에서는 폴터가이스트(Poltergeist)라고 불리는 현상이지만, 일본에서는 야나리(家鳴り, '집의 울림소리'란 뜻이다 - 역주)라 불리는 작은 오니(鬼)의 장난인 것으로 알려진다. 오래된 무사 가문의 저택이나 농가에서 많이 발생하는 듯하다.

 야마오토코(山男)

집에 환자가 생겨서, 한 남자가 급히 의사를 부르러 나갔다. 그러나 너무 서두른 남자는 그만 발을 헛디뎌 골짜기 밑바닥으로 떨어졌다. 남자는 다리뼈가 부러져버린 듯 걸을 수가 없다. 그때, 거대한 야마오토코(山男, '산 남자'란 뜻이다 - 역주)가 다가와 절망한 남자를 업고 수직에 가까운 절벽을 성큼성큼 올라가 의사가 있는 곳까지 데려다주었다. 남자를 도운 후, 야마오토코는 사라지듯 떠났다고 한다. 시즈오카(静岡)현 지역의 어느 마을에서 일어난 일이다.

야마온나(山女)

무사 한 명이 산에 장작을 패러 갔다. 때마침 동이 트기 시작하며 건너편 산을 가로지르는 무언가가 보였다. 상대도 멈추어 서서 소나무 숲 위로 상반신을 내밀고 무사를 보았다. 상대는 아름다운 여자로 보였지만 눈매가 무척이나 무서웠다. 무사는 허둥지둥 산에서 도망쳐 내려왔다. 돌아와서 잘 생각해보니, 소나무 숲은 높이가 3m 정도 되었다. 그 위에서 상반신을 내밀고 보았다는 것은 그 정체가 요괴라는 것이다. 그 요괴의 이름은 야마온나(山女, '산 여자'란 뜻이다 - 역주)다!

야만바(山婆)

이와테(岩手)현과 아키타(秋田)현 지역에 나타난 요괴이다. 초주로라
는 남자는 산길을 걷던 중 이상한 느낌이 들었다. 그래서 뒤돌아보
니 신장이 2m 정도 되는 야만바(山婆/山姥, '산 노파'란 뜻이다 - 역주)가 눈
에서 형형한 빛을 내며 쫓아오고 있었다. 야만바가 바람처럼 빠른 속
도로 쫓기 때문에 도망칠 수 없다고 생각한 초주로는 칼을 휘둘렀다.
칼에 베인 야만바는 끔찍한 비명을 지르며 벼랑으로 떨어져 바다로
빠졌다. 야만바를 벤 장소에는 노란색의 피와, 말의 털처럼 보이는
것들이 흩날렸다고 한다.

야만보(ヤマンボ)

조그마한 어린아이 모습의 요괴다. 산속에서 커다란 나무의 열매를
주울 때는 야만보(ヤマンボ)의 몫을 남겨두어야 한다고 일컬어진다.
어느 날, 두 여자가 산속에서 커다란 모밀잣밤나무의 열매를 모두 주
워서 산을 내려가는데, 계속 같은 장소가 나올 뿐이었다. 불안한 마
음에 여자가 「우—이」라고 소리치니, 어디선가 「우—이」 하고 소리가
돌아왔는데, 사람의 목소리가 아니었다. 어른들에게 들은 이야기가
떠오른 여자는 열매를 줍던 곳으로 돌아가 모밀잣밤나무 열매를 흩
뿌리며 산을 내려갔고, 머지않아 낯익은 길이 나타났다고 한다.

유우레이아카고 (幽霊赤児)

옛날, 어떤 나그네가 여관에서 자려고 할 때 벌어진 일이다. 어두운 방안에서 작은 무엇인가가 꿈틀거리는 기척이 느껴져 불을 켜보니, 그것은 갓난아기들이었다. 울거나, 기어가거나, 옹알거려서 몹시 어수선했지만, 아침이 되자 모두 사라져버렸다. 그 방은 유령이 된 갓난아이들의 집회 장소로, 나그네는 우연히 그 집회를 본 것이다.

동물을 닮은 모습으로 그려진 요괴

제 3 장

동물처럼 생긴 요괴는 대부분 사람을 잘 속인다. 너구리, 여우, 족제비, 수달이 동물처럼 생긴 대표적인 요괴라 할 수 있고, 캇파(河童)는 먼 옛날부터 전해져 온 인기 있는 요괴다. 그런, 이야기에 자주 등장하는 인기 요괴부터, 상상 세계의 환수까지 온갖 동물처럼 생긴 요괴 98마리를 모아 소개한다.

아카에이(赤えい)

몸길이가 3리(약 12㎞)나 되는 거대한 물고기다. 너무나 몸이 커서 등에는 모래 등이 쌓인다. 이것을 털어내려고 해면에 떠오르면, 섬이라고 착각한 배가 다가오는 경우가 있다고 한다. 어느 날, 조난당한 배의 선원들이 아카에이(赤えい)에 상륙했다. 그러나 인가는 없고 물웅덩이 물도 짜서 마실 수 있는 것이 아니었다. 어쩔 수 없이 배로 돌아가 바다로 나갔더니, 섬이라 생각했던 것은 부글거리며 바다 속으로 가라앉아 버렸다.

아카시타
(赤舌)

아카시타(赤舌)라는 이름은 빨간
혀를 뜻하는데, 이름처럼 새빨간
혀가 인상적인 요괴다. 에도 시대
화가 토리야마 세키엔(鳥山石燕)의
화집 『가즈햣키야교우(画図百鬼夜
行)』에는 「아카시타(赤舌)」라는 이
름으로 소개되며, 같은 시대의 화
가 사와키 스우시(佐脇嵩之)의 두루
마리 『햣카이즈칸(百怪図巻)』에는
「아카쿠치(赤口)」라는 이름으로 소
개되고 있다. 물과 관계있는 요괴
로 수문을 지킨다고 전해지는 경
우가 많다.

아카나(アカナー)

오키나와(沖縄)의 착한 요괴다. 옛날에 아카나(アカナー)는 원숭이와 한집에 살았다. 원숭이는 정원에 있던 복숭아나무 열매를 독차지하고자 흉계를 꾸몄다. 「복숭아를 누가 더 많이 팔았는지를 비교해서 이긴 쪽이 진 쪽을 죽여도 되는 거로 하자!」 원숭이는 자기 바구니에 잘 익은 복숭아를 넣고, 아카나에게는 덜 익은 파란 복숭아를 주었다. 아카나는 복숭아가 팔리지 않자 달에게 기도했다. 가엾게 여긴 달은 아카나를 하늘로 불러 목숨을 구해줬다. 그 후, 달에는 물을 긷는 아카나의 모습이 보이게 되었다고 전해진다.

아야카시(あやかし)

장어처럼 생긴 요괴로, 육지에서 떨어진 바다에서 나타난다. 몸 둘레는 크지 않지만, 길이가 몇 천 미터나 된다. 배를 타고 아야카시(あやかし)의 옆을 서둘러 넘어가려고 하여도 2~3일은 걸린다. 더구나 그때 대량의 기름을 흩뿌리기 때문에, 선원들은 배가 가라앉지 않도록, 배 안으로 들어온 기름을 바다 속에 계속 버려야 한다. 바다의 선원들이 몹시 무서워했던 요괴다.

이쥬우(異獸)

니가타(新潟)현의 산속에서 있었던 일이다. 다케스케라는 남자가 점심을 먹고 있는데, 원숭이처럼 생긴 짐승이 다가왔다. 다케스케가 먹고 있던 구운 주먹밥을 원하는 것 같아 던져주니 좋아하며 먹었다. 나쁜 요괴는 아닌 것 같았다. 안심한 다케스케는 「내일도 여기를 지나가니, 또 구운 주먹밥을 줄게!」라고 말했다. 다케스케가 짐을 메려 하자, 짐승이 그의 짐을 대신하여 가볍게 걸머지고 걷기 시작했다. 그리고 목적지 가까운 곳까지 오자 짐을 내려놓고, 산으로 바람 같이 뛰어 올라갔다고 한다. 그 짐승의 정체는 알 수 없었다.

이소나데(磯撫で)

니시니혼(西日本) 지역의 근해에 나타난다고 전해지는 괴어다. 모습이 상어와 닮았는데, 커다란 꼬리지느러미에는 날카로운 바늘들이 무수히 붙어 있다. 그 바늘들로 배에 탄 선원을 걸어서 물속으로 끌고 간다고 한다. 습격하는 방법도 특이해서 툭 나타나는 것이 아니라, 꼬리지느러미만 펄럭하며 떠올라 어루만지듯 살포시 다가와 선원들을 지느러미에 달린 바늘에 걸고 물속으로 끌고 간다. 이소나데(磯撫で, '물가를 어루만지다'라는 뜻이다 - 역주)라는 이름도, 이러한 습성에서 붙여진 것이다. 동류의 괴어 중에는 「와니자메(鰐鮫, 234P)」가 있다.

잇폰아시(一本足)

나라(奈良)현 요시노(吉野)군에 있는 오바가미네(伯母ヶ峰) 산에서 이자 사오우(猪笹王)라고 불리는 잇폰아시(一本足) 요괴가 나타났다. 이 잇 폰아시는 등에 얼룩조릿대(벼과 조릿대류의 긴 식물로 40~100cm 높이까지 자란다 - 역주)가 무성하게 자란 커다란 멧돼지였으나, 사냥꾼의 총에 맞아 죽은 후 유령이 되었다. 원한을 갚으려고 방랑 무사로 둔갑하기도 했지만, 복수에는 실패하였다. 그래서 사냥꾼에게 복수하는 것을 단념하고, 대신 오바가미네 산을 지나가는 여행자를 습격하고 잡아먹게 되었다고 한다.

이츠마덴(以津真天)

불을 뿜는 입과 칼처럼 날카로운 발톱을 가진 괴조이다. 날개를 펼치면 5m 정도나 되었다고 한다. 이 요괴가 출현한 시대는, 역병으로 많은 사망자가 나온 시대로 수도의 주변에는 시체가 쌓여 있었다. 이 괴조는 언제까지 시체를 내버려 둘 거냐고 하소연하듯이 「이츠마데, 이츠마데(일본어로 '언제까지'라는 뜻이다 - 역주)」라고 울었다고 한다. 이츠마덴(以津真天)은 죽은 사람의 영혼이 새의 모습으로 변하여 만들어진 요괴인 것이다.

🐾 이누가미(犬神)

이누가미(犬神)는 사람에 씐 개의 영혼이다. 이누가미에 빙의되는 경우는 두 가지로, 돌발적으로 일어나거나, 부모를 통해 물려받는다. 전자는 대식가가 되거나 열이 나서 앓아눕는 부작용이 있으며, 이를 고치려면 의사의 진료가 아니라, 신관(祈祷師, 일본 토속신앙의 신관 - 역주)에게 액막이를 부탁해야 한다. 부모에게 물려받고 이누가미를 신으로 모시는 경우에는, 이누가미도 그 집안사람들을 도우며 풍족하게 해준다. 이런 경우, 이누가미의 모습은 집안사람들에게만 보인다고 한다. 추고쿠, 시코쿠, 큐슈 지방 일대에 전승되고 있다.

우시우치보우(牛打ち坊)

마구간이나 외양간에 몰래 들어와 소와 말의 피를 빨아먹어 죽게 하는 요괴다. 소나 말이 죽으면 「또 우시우치보우(牛打ち坊)에 홀렸구나!」 같은 말을 했다고 한다. 이 요괴가 출몰하는 지역에서는, 그로 인한 피해를 막기 위해 우시우치보우에게 저주를 거는 제사를 지냈다. 그 제사는 「우시우치보우의 봉고야(盆小屋, 대나무나 짚으로 만든 작은 집 - 역주)」라는 작은 집을 만들어 불태우는 것으로, 집과 함께 요괴가 불에 타 죽기를 기원하는 것이다.

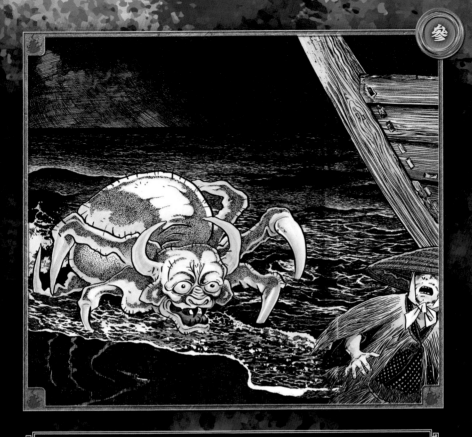

우시오니(牛鬼)

소의 모습을 한 괴물로, 우시오니(牛鬼)라 부른다. 니시니혼(西日本) 지역에 많은 구전이 남아 있는데, 그중 산인(山陰) 지방에서는 우시오니가 바다 속에서 살며 가끔 육지에 올라와 바닷가에 있는 사람을 물어 죽인다고 전해진다. 대단히 사납고 집념이 강해서 노렸던 사냥감은 절대 놓치지 않는다고 한다. 시코쿠(四国)나 기이(紀伊)반도 지역에서는 우시오니가 강에 살고 있다고 여겨진다. 시코쿠 지역에 속한 코치(高知)현에서는, 강에 독을 흘려보내 물고기 떼를 잡은 마을의 부자가 우시오니에게 죽었다는 이야기가 남아 있다.

온모라키(陰摩羅鬼)

어느 남자가 툇마루에서 꾸벅꾸벅 졸고 있었는데, 자신의 이름을 부르는 소리가 들렸다. 놀라서 눈을 뜨니, 한 마리의 새가 날개를 퍼덕거리고 있었다. 그 새는 매우 이상한 괴조였다. 생긴 것은 왜가리를 닮았는데 색은 까맣고, 눈에서 형형한 빛을 내고 있었다. 또 입으로 파란 불꽃을 뿜으며, 사람이 말하는 것처럼 기분 나쁘게 울었다. 절의 승려에게 물으니, 장례를 위해 임시로 보관하고 있는 시신의 기운이 괴조로 변했을 것이라고 말하였다.

🔱 카이이모리(怪井守)

도롱뇽은 물속에서 사는 양서류 동물이지만, 중국과 일본에서는 도
룡뇽 중에 둔갑하는 요괴도 있다고 여겼다. 도룡뇽 요괴는 젊은 남자
의 모습으로 변신하여 마음에 드는 여자를 유혹하고 홀린다. 니가타
(新潟)현 지역에 있는 사도가(佐渡)섬에서는, 카이이모리(怪井守)가 3m
나 되는 새까만 승려로 변해서 사람을 해치려 했지만 사람들이 쏜 총
에 놀라 도망쳤다. 다음날, 저택의 수로가 수상해보여 사람들이 물을
빼내자, 크기가 2m에 가까운 도룡뇽 6마리가 나타났다고 한다. 그것
들을 전부 죽이자, 거대한 승려는 나타나지 않게 되었다고 한다.

카샤
(火車)

장례식 중에 장례 행렬의 사람이
넘어질 만큼 강한 비바람이 갑자
기 불 때가 있다. 관이 바람에 날
아가 버려도 가라앉을 기색이 없
다. 이런 현상을 사람들은 「카샤
(火車)에 홀렸다!」라고 말하며 크게
두려워하고 부끄러워했다. 그것은
생전에 나쁜 짓을 했던 고인을 지
옥에서 온 카샤가 데려가면서 나
타나는 현상이기 때문이다. 원래
는 지옥 불에 둘러싸인 수레의 모
습으로 그려졌었지만, 언제부터인
가 고양이처럼 보이는 형태로 그
려지게 되었다.

카타키라우와(片耳豚)

그림자가 없는 새끼 돼지 모습의 요괴다. 길을 걷고 있는 사람의 가
랑이로 빠져나가려 한다. 가랑이로 카타키라우와(片耳豚)가 지나간
사람은 영혼이 빠져나가서 죽게 되거나, 얼빠진 사람이 된다고 한다.
그러나 즉시 양다리를 교차시키면 화를 면한다고 한다. 카고시마(鹿
児島)현 아마미오(奄美大)섬의 요괴로, 아마미(奄美)시 시청의 주변에서
가장 많이 나타난다고 전해진다.

카니보우즈(蟹坊主)

야마나시현 야마나시시에 '게의 사원'이라는 절이 있는데, 전부터 대대로 주지 스님이 행방불명되었다. 어느 날, 어떤 스님이 「내가 머물러보겠다!」며 사원에 찾아왔다. 한밤중에 기척이 느껴져 스님이 눈을 뜨니, 새까만 승려가 앞에 서 있었고, 「양다리는 여덟 개, 큰 다리는 두 개에, 옆걸음을 자유자재로 하고, 양 눈이 크게 벌어진 것은?」이라며 스님에게 문답을 걸어왔다. 스님은 「그것은 게다!」라 답하며, 독고저로 승려를 찌르자 무시무시한 비명을 지르며 도망갔다. 그 승려는 바로 게처럼 생긴 요괴 카니보우즈(蟹坊主)였던 것이다!

 # 카마이타치(鎌鼬)

길을 걷던 중, 돌연 휙 하고 바람이 불어왔다. 별다른 일은 없어서 신경 쓰지 않고 집에 돌아갔더니 가족이 비명을 질렀다. 「무슨 일 있었어? 그 상처는 뭐야?」 가족이 가리키는 곳을 살펴보니, 발이 서걱 베여서 피가 뚝뚝 흐르고 있었다. 이것은 회오리바람을 타고 나타난 카마이타치(鎌鼬)의 짓이다. 낫보다 날카로운 카마이타치의 발톱은 베여도 아픔을 느끼지 못한다. 그렇기 때문에 발이 베였던 것을 몰랐던 것이다.

카미키리(髪切り)

사람의 머리카락을 몰래 싹둑 잘라버리는 요괴다. 메이지 시대의 일이다. 어느 저택에서 일하던 여성이 화장실에 들어가려던 순간, 이 요괴한테 머리카락을 싹둑 잘렸다. 나중에 머리카락이 잘린 것을 알게 된 여성은 너무 놀라 쓰려져서 병에 걸려버렸다. 머리카락 정도쯤이야라는 생각으로 방심해서는 안 된다! 모르는 사이에 머리카락이 잘린 정신적인 충격은 헤아릴 수 없이 크다.

카와우소(かわうそ)

카와우소(かわうそ)는 수달을 뜻한다. 일본에서는 옛날부터 수달이 젊은 여성이나 어린아이로 둔갑한다고 여겨졌다. 「누구냐?」라고 물었을 때, 사람은 「나야!」라고 대답하겠지만, 수달은 「냐야!」라고 대답해 버린다. 「너는 어디 사람이냐?」 물으면, 「카하이!」 등의 의미를 알 수 없는 대답을 한다. 너구리나 여우처럼 사람을 홀리기도 하고, 놀라게 하는 대표적인 동물이다.

큐우소(旧鼠)

무로마치 시대의 이야기다. 어느 집의 마구간에 쥐 한마리가 살고 있었는데, 별다른 해를 주지 않았기에 주인들이 오랫동안 내버려 두었다. 늙어버린 쥐는 특이하게도 고양이와 사이가 좋았다. 어느 해 고양이가 5마리의 새끼를 낳았으나, 그만 독을 잘못 먹고 죽어버렸다. 그러자 그 늙은 쥐는 매일 밤 나타나, 새끼 고양이들에게 젖을 주며 길렀다고 한다. 그리고 몇 년이 지나 새끼 고양이들이 성장하자, 늙은 쥐는 모습을 감췄다고 전해진다. 이처럼 쥐도 나이를 먹으면 요괴가 되는 것 같다!

큐우비노키츠네 (九尾の狐)

여우 한 마리가 사람을 홀리는 여우 요괴가 되었다. 해를 거듭하자 불사신이 되었고, 전신은 금빛의 털에 덮이며 긴 꼬리는 9개로 갈라졌다. 이것이 큐우비노키츠네(九尾の狐, 구미호)이다. 먼 옛날 중국의 은이라는 나라에서 미녀로 둔갑해 왕을 속였고, 인도에서도 나라를 혼란에 빠트렸다고 전해진다. 그 후, 소녀의 모습으로 둔갑하여 견당사(遣唐使, 일본이 당나라에 파견한 사절 - 역주)의 배에 올라타, 일본에 와서는 궁전에서 살게 되었다. 그러나 음양사에게 정체를 간파당하여, 토치기(栃木)현 나스마치(那須町) 지역의 벌판에서 퇴치되었다. 큐우비노키츠네 사체는 살생석이 되어, 지금도 황화수소나 아황산가스 등의 유해한 가스를 분출하고 있다.

쿠타베(クタ部)

에도 시대 말기, 토야마(富山)현의 타테(立)산에서 쿠타베(クタ部)라는 괴수가 나타났다. 그 괴수의 몸은 소를 닮았지만, 얼굴은 사람과 비슷하고, 배의 양 옆에도 눈이 달렸다. 괴수는 모여 있는 사람들의 앞에 나타나, 「5년 이내에 원인불명의 난치병이 유행하여, 많은 사망자가 나올 것이지만, 나의 모습을 본 자는 살 것이다!」라고 말했다. 또 자신의 모습을 그려서 집에 붙여두면 재난을 피할 수 있다고도 말하였다. 이 괴수의 예언은 금세 전국에 퍼져, 큰 화제를 모았다고 한다.

게도(ゲド)

집에 머무는 요괴로 크기는 고양이 정도이고, 거무스름한 갈색 털을
가지고 있다. 게도(ゲド)가 머문 집에서 어느 남자가 벼를 약간 훔쳤
다가, 갑자기 발광을 일으키기 시작했다. 그 남자는 「게도가 물어뜯
는다. 도와줘!」라며 비명을 지르고 날뛰게 된 것이다. 주변 사람들은
그 모습을 보고, 게도를 두려워했고, 그 집도 「게도 들린 집」이라 부
르며 몹시 무서워하였다고 한다.

코이케바바아(小池婆)

코이케(小池)라는 무관의 가문을 섬기던 남자가, 산길에서 늑대 집단에게 습격당해 큰 나무 위로 도망쳤다. 늑대들도 서로의 등을 밟고 올라갔지만 한 마리 몫 정도의 높이가 부족하자, 맨 위의 늑대가 「코이케바바아(小池婆)를 불러 와!」라며 짖었다. 그러자 커다란 고양이가 나타나 늑대들을 밟고 올라가 공격했지만, 남자가 공격을 피하며 고양이의 미간을 칼로 내려치자, 쇳덩이가 떨어지는 듯한 소리가 나면서 고양이와 늑대 집단은 모습을 감췄다. 그 후, 커다란 고양이는 무관 코이케의 어머니로 둔갑해 숨어 있던 것이 발각되어 퇴치 당했다고 전해진다.

고토쿠네코(五德猫)

고토쿠(五德)는 불 위에 주전자나 냄비를 얹을 수 있게 제작한 철제의 도구로, 오늘날의 가스레인지에서도 사용되고 있다. 이 고토쿠를 머리에 쓴 고양이가 고토쿠네코(五德猫)다. 꼬리가 두 개로 나뉘어 있는 것을 보면, 꽤 옛날부터 살아 온 네코마타(猫又, 215P) 같은 것일 것이다. 평범한 고양이는 불을 무서워하지만, 고토쿠네코는 아무렇지 않게 스스로 불을 붙인다. 고토쿠를 머리에 쓰고 있는 이유는 모른다.

사가리(さがり)

남자가 밤에 걷고 있는데, 오래된 팽나무의 가지가 와삭와삭 소리를
내었다. 이상하다고 생각한 남자는 발걸음을 멈추고 팽나무를 올려
보고는 깜짝 놀랐다. 나뭇가지에 말의 목이 매달려 있던 것이다! 몸
통은 없었다. 말의 목은 입을 열며 「힝, 히잉」하고 울었다. 무서워진
남자는 전력으로 도망쳤다고 한다. 큐슈(九州) 지방에도 말의 목이 매
달린 장소가 있었다고 하는데, 이것을 본 자는 열병에 걸렸다고 전해
진다. 말의 목이 나뭇가지에 매달려 있던 이유에 대해서는 알려진 것
이 없다.

사루오니(猿鬼)

이시카와(石川)현 나나오(七尾)만에 떠 있는 노토(能登)섬에서 나타난 요괴다. 원숭이의 모습을 닮은 요괴이기 때문에 사루(猿, 원숭이)를 붙여서 사루오니(猿鬼)라 불렀다. 사람이나 가축을 보면 덤비는 사나운 요괴이다. 사루오니에게 시달리던 주민들은 마을 수호신의 계시에 따라 천황에게 부탁하였다. 천황은 무용이 뛰어난 좌대장 요시나오를 보내어 사루오니를 퇴치하였다. 그때 물리쳤던 사루오니의 뿔은, 현재도 이야히메(伊夜比咩)신사에 보관되어 있다고 한다.

시노자키기츠네(篠崎狐)

에도 시대 중기에 악명 높은 4마리의 여우가 있었다. 어느 여름 아침에 생선을 파는 남자가 자는 여우들을 보고는, 장난으로 큰 소리를 질렀고, 여우들은 놀라 도망쳤다. 저녁에 남자가 지인의 집에 들렀는데, 그의 아내가 급사하여 장례를 치르는 동안, 남자는 혼자서 그의 집을 지켰다. 그때 지인의 죽은 아내 유령이 나타나 남자를 깨물었다. 이는 모두 여우들의 앙갚음이었다. 그곳을 지나던 농부가 홀린 상태의 남자에게 물을 뿌려 정신을 차리게 했다. 반성한 남자는 여우들이 자던 곳에 팥밥과 유부를 바쳤다. 도쿄 시노자키 지역 이야기다.

쟈미(邪魅)

토리야마 세키엔(鳥山石燕)의 화집 『가즈핫키야교우(画図百鬼夜行)』에는 짐승처럼 보이는 일부 모습이 그려졌지만, 쟈미(邪魅)의 전신이 어떤 모습인지는 알려지지 않았다. 사람에게 해를 입히는 악령 같은 존재일 것이다. 쟈미는 옛날 사람들이 정체불명의 이상한 존재를 부르는 명칭이었을 것으로 여겨진다.

쇼우케라(しょうけら)

60일에 한 번 찾아오는 「코우신노히(庚申の日, 일본 민간신앙에서 천제 제석천에게 공양하고 재를 올리는 날 - 역주)」에 나타난다. 이날은, 자는 사람에게서 세 마리의 나쁜 벌레 「삼시충(三尸虫)」이 빠져나가 하늘에 올라서 천제(신)에게 그 사람의 나쁜 행실을 고하고, 천제는 그 사람의 수명을 줄여버린다고 한다. 이에 사람들은 코우신노히에는 밤새 자지 않고 삼시충이 몸 밖으로 못 나가게 하였다. 쇼우케라(しょうけら)는 그러한 삼시충 중 한 마리다. 그림은 사람의 몸에서 빠져나와 하늘로 오르기 전에 지붕 위에서 집안을 엿보는 쇼우케라를 그린 것이다.

신(蜃)

기를 뿜어 신기루를 만들어내는 환수로서 알려져 있다. 중국에서 전해진 환수로 용족에 속한다. 허리부터 아래의 비늘이 전부 역방향으로 나 있다. 신(蜃)의 기름을 초에 섞으면, 그 향은 멀리까지 퍼진다고 한다. 일본에서 같은 용족 「미즈치(蛟, 물에 살며 독기로 사람을 해하거나 죽이는 용 - 역주)」와 혼동되어 이야기되기도 하지만, 본래 다른 요괴라고 한다.

스네코스리
(すねこすり)

어떤 남자가 밤길을 걷고 있는데, 운
나쁘게 비가 내리기 시작했다. 비가
그치기를 기다릴 수 없었던 남자는
달리기 시작했다. 얼마 후 달리는 남
자의 다리에 개처럼 생긴 것이 갑자
기 달라붙어 넘어질 뻔했다. 남자가
멈춰서 발밑을 살피자 개처럼 생긴
것은 감쪽같이 사라졌다. 그러나 다
시 달리기 시작하면, 역시 무언가가
발을 휘감았다. 너무 두려운 나머지
남자는 정신없이 도망쳤다고 한다.
이것은 요괴 스네코스리(すねこすり)
가 한 짓이다!

센포쿠칸포쿠(センポクカンポク)

두꺼비처럼 생긴 요괴로, 집에서 누군가가 죽으면 나타난다. 그 집에 3주간 머물며, 4주간 정도가 되면 영혼을 데리고 묘지에 간다고 한다. 옛날부터, 토야마(富山)현 난토(南砺)시에 나타나는 요괴로, 이 지역에서는 개구리나 두꺼비를 「카사곳토(カサゴット, '카사'와 '텐텐'은 피부병을 의미하는 일본어이고, '곳토'는 개구리나 두꺼비를 의미하는 방언이다 - 역주)」 또는 「텐텐곳토(テンテンゴット)」의 신으로 부른다. 지역 주민들에게 신의 일종으로 인정받고 있는 듯하다.

타이교아쿠루(大魚悪楼)

나라(奈良) 시대 역사책『니혼쇼키(日本書紀)』와『코지키(古事記)』에 기록된 나쁜 신으로, 일본의 고대 환수이다. 야마토 타케루노미코토(日本武尊, 고훈 시대의 게이코 천황의 아들 - 역주)가 큐슈(九州) 지방 남쪽의 부족을 평정하고, 오카야마(岡山)현에서 나쁜 신을 퇴치했다는 기록이 적혀 있는데, 그 나쁜 신이 타이교아쿠루(大魚悪楼)이다. 배를 한입에 삼켜버릴 만큼 컸지만, 야마토 타케루노미코토는 이 거대한 물고기의 등에 올라타 검을 휘둘렀다고 한다.

타타리못케 (たたりもっけ)

타타리못케(たたりもっけ)는 죽은 갓난아기의 입에서 나온 영혼 같은 것이다. 산이나 들판을 방황하다가 숲에 사는 올빼미의 몸속에 들어간다고 한다. 올빼미가 「호—호—」하며 우는 이유는, 그 속에 있는 갓난아이의 영혼이 우는 소리이기 때문이라고 전해진다. 그래서 아이가 죽었던 집에서는, 올빼미를 소중히 여긴다고 한다. 타타리못케의 이야기는, 토호쿠(東北) 지방에 많다.

효우케신(蝶化身)

야마가타(山形)현 자오우(蔵王)산의 이야기다. 지친 여행자가 집 한 채를 발견하고, 쉬어 가고자 집주인을 불렀지만 대답이 없다. 할 수 없이 문을 열고 들어간 순간, 여행자는 꼼짝할 수 없었다. 집 안에는 몇천 마리의 나비가 있었다. 무수한 나비 떼가 날아 가버리자, 남은 것은 긴 검은 머리카락과 사람의 뼈뿐이었다. 이후에 듣기로는, 이 집에 나비를 좋아하는 여자가 살았는데 병으로 죽었다고 한다. 그러자 시체에서 무수한 구더기가 들끓더니 성장하여 나비 떼가 된 것이라 여겨진다. 그렇게 나비를 좋아하던 여자는 죽어서 나비가 된 것이다!

츠치구모(土蜘蛛)

먼 옛날, 미나모토노 요리미츠(源 賴光, 오니들의 두목을 퇴치했다는 헤이안 시대의 귀족 - 역주)는 병에 걸려 두통과 발열로 고생했다. 키토우시(祈祷師, 일본 토속신앙의 신관 - 역주)에게 부탁해도 소용없었다. 어느 저녁, 요리미츠의 베갯머리에 거대한 법사가 나타나 천 가닥의 실을 던지며 공격했고 눈을 뜬 요리미츠는 칼로 물리쳤다. 부하들을 이끌고 도망친 법사의 핏자국을 쫓자 커다란 고분이 나타났고, 그 안을 파헤치니 거대한 츠치구모(土蜘蛛)가 나왔다. 요리미츠를 병들게 한 요괴다! 츠치구모는 격렬히 저항했지만 결국 죽었다.

츠치헤비(槌蛇)

츠치(槌)는 망치와 비슷하게 생긴 뱀 요괴로, 옛날부터 일본 각지에서 이야기가 전해져왔다. 1965년경에 유명했던 몸통이 굵은 뱀 츠치노 코(ツチノコ)나, 노즈치(野槌, 216P)도 같은 종류의 요괴다. 토야마(富山) 현에서는, 언덕길을 데굴데굴 굴러 내려가는 요괴 츠치를 「츠치코로 비(槌転び)」라고 부르는데, 이 요괴 또한 츠치헤비(槌蛇)와 동류라 여겨 진다.

텐(貂)

텐(貂, 일본어로 '담비'라는 뜻이다 - 역주)은 담비와 닮았지만, 몸집이 더 크다고 한다. 사냥꾼들 사이에서 텐이 앞을 가로질러 가면 사냥감을 잡을 수 없다 등 텐이 나타나면 재수가 없다는 말이 전해지고 있다. 또 미에(三重)현 이가(伊賀) 지역에는 「여우는 7가지로 변할 수 있고, 너구리는 8가지로 변하는데, 텐은 9가지나 변하니, 아이고 무서워!」라는 구전이 있다. 이것은 텐이 사람을 홀릴 때 9가지 종류로 둔갑할 수 있다는 뜻으로, 여우나 너구리보다도 한 수 위임을 나타내고 있다.

톤보카미 (土瓶神)

목에 노란색 고리를 걸고 있는 뱀이다. 몹시 작아서, 몸집이 크면 젓가락 정도이고 작으면 이쑤시개 정도밖에 되지 않는다. 저택에 풀어두는 사람도 있으나, 카가와(香川)현에서는 항아리에 넣어 기르며 사람이 먹는 것과 같은 음식물과 술을 준다고 한다. 이 뱀을 기르는 집은 번영하지만, 조금이라도 소홀히 대하면 즉시 벌을 받는다고 전해진다.

누에(鵺)

원숭이의 머리와, 너구리의 몸, 뱀의 꼬리, 그리고 호랑이의 발톱을 가지고 있는 괴물이다. 헤이안 시대의 무장 미나모토노 요리마사(源 賴政, 헤이안 시대의 무장으로 미나모토 요리미츠의 후손이다 - 역주)가 검은 구름 속에 숨어 있던 누에(鵺)를 화살로 쏘아 퇴치했다는 전설이 있다. 그 후, 누에의 사체는 바다 위를 떠다니다가 아시야(蘆屋)의 해변(현재의 효고현 아시야시)에 다다랐고, 그 땅에 무덤을 만들어 봉하였다. 본래, 누에는 호랑지빠귀라는 새의 옛 이름이었는데, 그 새처럼 밤에 쓸쓸 한 울음소리를 내는 요괴라 하여 누에라고 불리게 되었다.

네코마타(猫又)

니가타(新潟)현의 어떤 무사의 집에서 이상한 일이 일어났다. 매일 밤, 테마리(手まり, 색실을 감아 만든 공으로 핸드볼보다는 약간 작다 - 역주) 정도의 불덩어리가 다다미 위를 둥실 날아다녔다. 이상한 일은 계속됐다. 어느 날, 무사가 정원의 나무 위를 보니 빨간 수건을 뒤집어쓴 늙은 고양이 요괴가 사방을 둘러보고 있어, 불길하게 여긴 무사가 화살을 쏴서 맞혔다. 나무에서 떨어진 요괴는 몸에 박힌 화살을 부러트렸지만, 이내 죽었다. 그 고양이 요괴는 몸길이 1.5미터에 꼬리는 2개로 갈라진 네코마타(猫又)였다! 그 후 이상한 일들은 딱 사라졌다.

 노즈치(野槌)

에도 시대의 백과사전 『와칸산사이즈에(和漢三才図絵)』에 의하면, 노즈치(野槌)는 깊은 산속 나무의 구멍에서 살며, 길이는 90㎝ 정도이고, 지름은 15㎝ 정도라고 기록되어 있다. 큰 입으로 산행하는 사람의 발을 문다고 한다. 노즈치는 언덕을 내려가는 건 매우 빠르지만, 오르막길은 느리다고 여겨졌다. 때문에 노즈치를 보았을 때, 높은 곳으로 서둘러 올라가면 재난을 면할 수 있다고 전해진다.

바쿠(獏)

동물원에 있는 맥('맥'은 일본어로 '바쿠'이다 - 역주)과는 다른 것으로, 사람의 꿈을 먹는 요괴다. 중국에서 전해진 요괴로, 체형은 곰과 같으나, 코는 코끼리처럼 길고, 눈은 코뿔소와 닮았으며, 꼬리는 말과 같고, 다리는 호랑이 등등 여러 동물의 부분을 모은 것 같은 요괴다. 중국에서는 바쿠(獏)가 악몽을 먹는 것으로 전해지는데, 일본 후쿠시마(福島)현과 쿠마모토(熊本)현에도 비슷한 전승이 있다. 예를 들면, 악몽을 꾸면「어젯밤의 꿈은 바쿠에게 주려고 해!」라고 말하며, 입김을 세 번 불면 악몽이 사라진다고 한다.

제 3 장 동물을 닮은 모습으로 그려진 요괴

하쿠조우스 (白蔵主)

사냥꾼 야사쿠는 야마나시(山梨)현에서 여우를 잡고 가죽을 팔아 생활했다. 그 근처에는 야사쿠에게 자식을 사냥당해 원한을 가진 늙은 여우가 살았다. 여우는 야사쿠의 백부인 하쿠조우스(白蔵主)라는 법사로 둔갑하여, 살생을 금하도록 훈계하며 여우 덫을 몰수하였고, 대신 돈을 주었다. 돈맛을 들인 야사쿠가 또 돈 달라고 절로 찾아오자, 여우는 하쿠조우스를 죽이고 법사인 양 행세하며 야사쿠를 내쫓았다. 그후 50년간이나 주지 행세를 하였는데, 어느 날 개에게 물려 죽어 정체가 드러났다. 이후 법사로 둔갑한 여우를 하쿠조우스라고 부른다.

바케쿠지라(化け鯨)

시마네(島根)현 오기노(隱岐)섬에 밤이 오면 이상한 새와 기괴한 물고 기 떼가 해안에 몰려들었다. 그중에는 뼈만 남아 있는 거대한 고래도 있었는데, 썰물이 빠지면 다른 괴어들과 함께 먼 바다로 나가려 했 다. 근처에 있었던 어부들이 배에서 작살을 던져 뼈만 남아 있는 고 래를 맞추었지만 아무런 반응이 없었다고 한다. 어부들은 그러한 모 습을 보고「저건 바케쿠지라(化け鯨)일 거다!」라며 수군거렸다.

 바산(波山)

깊은 산속의 대나무 숲에 살아서 매우 보기 어려운 요괴다. 거대한 닭처럼 생긴 모습을 하고 있으며, 입에서는 불을 뿜는다. 밤이 되면 민가의 근처까지 날아가기도 한다. 사람들이 밖에서 바스락바스락 소리가 나서 문을 열어보지만, 아무도 없는 경우가 종종 있다고 하는데, 바산(波山)이 왔다 간 것일 것이다. 바산이 사람에게 위해를 입혔다는 이야기는 전해지지 않는다.

밧키(魃鬼)

몸길이는 60~90㎝인데, 두 개의 눈은 이마 위에 달려 있다. 앞다리와 뒷다리가 하나씩만 달려 있는, 매우 빠른 속도로 달리는 이상한 모습의 괴물이다. 이 괴물이 지나간 땅은 초목이 말라버린다고 전해진다. 혹시 이 괴물을 잡게 되면, 지체하지 말고 더러운 물속에 던져 넣어야 한다. 그러면 밧키(魃鬼)가 물속에서 죽고, 가뭄이 끝난다고 한다. 가뭄의 신이지만, 사람들에게 「신」보다는 나쁜 요괴의 이미지가 있어서 「오니(鬼)」라는 이름이 붙었을 것이다.

히자마(ヒザマ)

바산(波山, 220P)처럼 닭의 모습을 닮은 요괴이지만, 카고시마(鹿児島)현 오키노에라부(沖永良部)섬에 사는 히자마(ヒザマ)는 사람들이 몹시 두려워하는 요괴이다. 빈 병이나 빈 통에 머무른다고 여겨져서, 이섬의 주민들은 빈 용기를 덮어두거나 물을 채워둔다고 한다. 또, 화재를 일으키는 요괴로 여겨져서, 집에 히자마가 씌었다고 생각되면 무녀를 불러「히자마 쫓아내기」의 의식을 행했다고 한다.

히히(狒々)

에도 시대의 백과사전 『와칸산사이즈에(和漢三才図絵)』에 의하면, 몸통에 까만 털이 자라 있으며, 달리기를 잘하고, 사람을 보면 웃으며, 사람을 잡아먹는다고 한다. 성격이 매우 사나운 요괴로, 몸집도 3m 이상으로 거대한 녀석도 있다고 한다. 히히(狒々)가 출몰하여 퇴치하는 것까지를 기록한 옛 자료들이 일본 각지에 남겨져 있다.

히라부가이(比良夫貝)

『니혼쇼키(日本書紀)』와 『코지키(古事記)』에 등장하는 신, 사루타히코(猿
田彦, 선한 방향으로 이끌어 준다는 일본의 신 - 역주)가 고기잡이하러 배를 타
고 먼 바다까지 나왔는데, 갑자기 해면이 물결치며 털이 난 커다란
조개가 나타났다. 바로 검을 뽑아 내려쳤지만, 효과가 없었다. 오히
려 배가 흔들려서 사루타히코는 바다에 떨어지고 말았다. 필사적으
로 헤엄쳐 물가에 도착한 후에 뒤를 돌아보니 괴물의 모습은 없었다.
어떤 사람에게 이 일을 말하니 그 괴물은 히라부가이(比良夫貝)라고
말하며, 가끔 해면에 나와서 사람을 습격한다고 하는 것이었다.

민키라우와(耳無豚)

카고시마(鹿児島)현 아마미오(奄美大)섬에 사는 돼지 모습의 요괴다. 잡으려고 하면 꾸르륵꾸르륵 울며 도망 다니는데, 점점 수가 늘어난다. 그리고 소독약 같은 냄새가 매우 강하게 나서, 그 장소에 더는 머무를 수 없게 된다고 한다. 카타키라우와(片耳豚, 186P)처럼 사람의 다리 사이로 빠져나가 영혼을 빼내는 위험한 요괴이다.

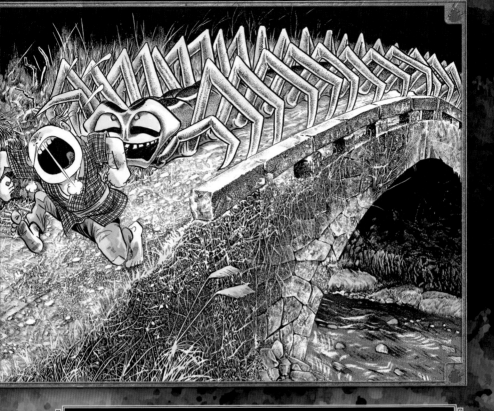

무카데(百足)

옛날에 기후(岐阜)현 깊은 산속에서 사람이 사라지는 사건이 이어졌다. 마을 사람들이 조사해보니 산 중턱에 무언가 숨어 있는 것 같은 수상한 구멍이 있어서, 불과 연기를 넣으니 수십 미터나 되는 무카데(百足, '지네'란 뜻이다 - 역주)가 나왔다. 마을 사람들이 칼을 휘두르며 싸워서 겨우 무카데를 쓰러트렸다. 거대한 무카데 퇴치 이야기는 일본 전국에 남아 있다. 시가(滋賀)현 지역 미카미(三上)산에서 타와라노토우 타히데사토(俵藤太秀郷)가 활약한 유명한 전설에서는, 산을 일곱 바퀴 반을 두른다는 엄청난 크기의 무카데가 등장한다.

모우료우(魍魎)

모우료우(魍魎)는 산이나 강, 나무나 돌의 정령이라고도 전해지지만,
일반적으로는 죽은 사람을 먹는 요괴로 여겨진다. 모습은 3~4살의
아이 같지만, 털이 무성하게 자라나 있고 귀가 긴 것이 특징이다. 특
히, 좋아하는 것은 죽은 사람의 간으로, 묘지 주변에 살면서 관속의
시체를 꺼내 먹는다고 전해진다.

 # 모쿠리코쿠리(モクリコクリ)

3월 3일에는 산에서 나오며, 5월 5일에는 바다에서 나온다고 한다. 모쿠리코쿠리(モクリコクリ)는 '원나라의 일본원정'에 갔다가 수몰된 몽골과 고려 연합군의 영혼이라 여겨지기 때문에 「모쿠리코쿠리(蒙古高句麗, 몽고와 고구려를 일본어로 '무쿠리코쿠리'라고 발음한다 - 역주)」라고 부른다. 족제비와 비슷한 모습이지만, 보리밭에 있을 때는 사람의 모습을 하고 있으며, 바다에 있을 때는 해파리 같은 모습이 된다고 전해진다. 와카야마(和歌山)현에서 전해지는 이야기로, 이처럼 장소에 따라 모습을 바꾸는 요괴는 몹시 드물다.

야칸(野干)

야칸(野干)은 사람을 홀리는 여우라고 하는 설이 많지만, 여우가 아니
라는 의견도 있다. 그 설들을 정리하면, 야칸의 모습은 개와 닮았지
만, 여우보다 작고, 울음소리는 늑대와 비슷하며, 꼬리가 두껍고, 나
무에 오르는 것이 특기인 요괴라고 한다. 사람을 습격해서 잡아먹는
경우도 있는 것으로 보아, 여우와는 다른 짐승으로 여겨진다.

야코(野狐)

큐슈(九州) 지역의 주민을 홀리는 악귀로, 족제비나 쥐처럼 생겼다고
한다. 쿠마모토(熊本)현 아마쿠사(天草) 주변지역에서는, 야코(野狐)에
게 홀리면 글을 쓰지 못했던 사람이 글을 쓰게 되거나 큰 부자가 될
수 있다고 한다. 그러나 좋은 일만 있는 것은 아니다. 대부분의 병을
일으키는 것도 야코의 짓이라 여겨진다. 나가사키(長崎)현 이키(壱岐)
섬에서도, 야코가 화상을 입은 상처를 핥으면 죽어버린다고 전해진
다. 이러한 일을 막으려면, 야코가 싫어하는 젓갈을 먹으면 된다.

요스즈메(夜雀)

밤에 울음소리를 내며 나타나는 요괴다. 산길을 걷는 사람의 앞과 뒤로 출몰한다. 와카야마(和歌山)현에서는 「참새의 배웅」이라고 일컬어지며, 요스즈메(夜雀)가 「짹, 짹」하고 울면서 따라오면, 그 사람을 노리고 있는 늑대가 근처에 있는 것으로 여겨졌다. 코치(高知)현에서는 요스즈메가 「짹, 짹」거리며 따라오는데, 만약 요스즈메에게 홀렸다 해도, 「이세의 카미카제(伊勢の神風, 이세 지역에 있는 일본의 조상신 '아마테라스 오미카미'가 일으킨 바람 - 역주)는 짹, 째짹 하고 우는 새를 얼른 뱉어내라!」라는 주술을 외우면 괜찮다고 한다.

라이쥬우(雷獸)

번개와 함께 나타나거나, 천둥과 함께 떨어진다고 전해지는 요괴다. 대략적인 인상은 너구리나 족제비를 닮았지만, 에도 시대 니가타(新潟)현에서 나타난 라이쥬우(雷獸)는 앞발이 2개에 뒷발이 4개였고 몸통의 길이는 약 1.8m로 전해진다. 머리에는 멧돼지처럼 긴 엄니가 있고, 발에는 물갈퀴가 있으며, 발톱은 수정처럼 투명하였다고 한다. 에도 시대 후기의 수필집『캇시야와(甲子夜話, 에도 시대의 다이묘 마쓰우라 세이잔이 쓴 수필집 - 역주)』에는, 어떤 사람이 라이쥬우를 잡으려 하였다가, 공격당해 뺨이 찢어졌다는 이야기가 기록되어 있다.

와이라(わいら)

와이라(わいら)는 요괴로서는 흔치 않게 수컷과 암컷으로 나뉜다. 수컷은 흙색이고 암컷은 빨간색이라고 하니, 그림 속의 와이라는 수컷이다. 이 요괴는 산속에서만 살며, 평지에는 내려오지 않는다. 이바라키(茨城)현의 의사가 이 요괴를 목격했을 때는, 앞발에 있는 날카로운 발톱으로 땅을 파서 두더지를 잡아먹고 있었다고 한다. 어딘지 모르게 코뿔소와 비슷해 보였다고도 하였다.

와니자메(鰐鮫)

악어도 상어도 사람을 습격하는 무서운 동물인데, 그 둘이 합쳐진 요
괴로 성격도 몹시 흉폭하여 뱃사람들이 매우 두려워했다고 한다. 와
니자메(鰐鮫)가 배에 접근하는 것만으로도 누군가가 병에 걸리거나,
바다에 떨어져 물고기 밥이 된다고 여겨졌다. 와니자메와 닮은 요괴
가 시마네(島根)현에도 전해지고 있는데 어부들은 그 요괴를 「카게와
니(陰鰐)」라고 부른다. 카게와니가 바다에 비친 어부의 그림자를 삼키
면, 그 어부는 혼이 빠진 것처럼 죽어버린다고 한다.

제 3 장
동물을 닮은 모습으로 그려진 요괴

캇파(河童)의 동류

장난치는 것을 좋아하는 난폭한 캇파(河童)도 있고, 사람을 도와주는 착한 캇파도 있다. 종족은 같아도 사는 환경에 따라서 모습도 형태도 능력도 달라지는 신기한 요괴다. 그런 캇파의 동류를 소개한다.

카파의 동류

아마쿠사의 캇파(天草の河童)

쿠마모토(熊本)현 아마쿠사(天草) 지방에서의 일이다. 술을 가지고 걷던 한 남자를 4~5마리의 캇파(河童)가 둘러쌌다. 「어이 아저씨, 술 좀 마시게 줘봐!」 남자가 거부해도, 캇파들은 끈질기게 졸라댔다. 그래서 「내일, 모내기를 도와준다면……」이라고 조건을 걸자, 기뻐하며 도와주겠다고 했다. 그리고 캇파들은 바로 술을 마셔 병을 비워 버렸다. 다음날, 남자가 논에 가보니 모내기가 전부 되어 있었다. 캇파가 약속을 지킨 것이다. 그러나 남자의 기쁨은 잠시뿐으로, 얼마 후 캇파에게 화를 입었다고 한다.

캇파의
동류

이치모쿠뉴우도우(一目入道)

니가타(新潟)현 사도가(佐渡)섬 카모(加茂)호수에 살고 있는 요괴다. 머리 위에 있는 커다란 눈이 특징이다. 어느 날 이치모쿠뉴우도우(一目入道) 는 장난을 쳤다가 사람에게 붙잡혔다. 「매일, 잡은 물고기를 유리 갈고리에 걸어둘 테니 용서해주세요. 다만 물고기 잡는 데 필요하니 갈고리는 돌려주세요!」라며 목숨을 구걸해서 풀려났다. 그 후로 매일 물고기를 잡아서는 갈고리에 걸었다. 그런데 어느 날, 갈고리를 돌려주지 않는 날이 있었는데, 그 후로는 물고기를 잡지 않는 것은 물론이고, 매년 1월 15일이 되면 약속을 저버린 사람의 집을 습격했다고 한다.

우미코조우(海小僧)

옛날 옛적에 시즈오카(静岡)현에서 있었던 일이다. 어떤 사람이 낚시하고 있는데, 무엇인가가 낚싯줄을 당기면서 바다에서 올라오고 있었다. 그것은 앞머리를 기른 아이 같은 모습으로, 땅에 올라오더니 방긋 웃었다고 한다. 또 이와테(岩手)현에서는 바다 속에서 털에 덮인 3살 정도의 아이를 만났다는 이야기도 있다. 두 아이의 정체는 모두 캇파(河童)일 것이라고 생각된다. 캇파의 동료 중에는 이처럼 바다에 사는 종족도 있다.

캇파의 동류

엔코우(エンコウ)

캇파(河童)의 이름은 지역에 따라 변한다. 엔코우(エンコウ)는 추고쿠(中国), 시코쿠(四国) 지방에서 부르는 캇파의 이름이다. 코치(高知)현 난고쿠(南国)시 부근에서는, 지금도 엔코우 축제를 하고 있다. 매년 6월 상순이 되면, 강 근처에 작은 제단을 만들고, 엔코우가 좋아하는 오이 등을 준비하며 수해 사고의 방지를 기원하고 있다.

카샤보(カシャボ)

카샤보(カシャボ)는 파란 옷을 입은 6~7살 정도의 귀여운 아이처럼 보인다. 정수리 부분만 머리털을 남기고, 민머리로 만든 헤어스타일의 머리를 흔들면 짤가닥거리는 소리가 난다고 한다. 붙임성이 매우 좋아서 사람에게 다가가는 것을 두려워하지 않는다. 집 밖에서 돌을 두드려, 일부러 자신이 온 것을 알리는 경우도 있다. 사람을 해치지는 않지만, 소나 말을 숨기는 등의 장난을 좋아한다.

가랏파(ガラッパ)

카고시마(鹿児島)현 아마미오(奄美大)섬 등의 남쪽 섬에서 사는 캇파(河童)로, 몸이 가늘고 손발이 길다. 머리에는 접시가 있고, 항상 입에서 침을 흘리고 있으며, 냄새가 많이 난다고 한다. 산에 온 사람에게 들러붙어 다양한 장난을 치지만, 화를 내며 가랏파(ガラッパ)의 욕을 해서는 안 된다. 신발을 신고 있을 때는 괜찮으나 맨발인 상태로 욕을 하면, 가랏파가 자신의 욕을 듣고 보복한다고 전해진다. 남쪽 지방에서 사는 캇파는 공통적인 특징이 있는데, 그 특징은 캇파와 친해지면 물고기가 잘 잡힌다는 것이다.

카와에로(カワエロ)

기후(岐阜)현에 있는 이비(揖斐)강 주변에 숨어 사는 캇파(河童)다. 강물 속에 있을 때는 전혀 모습을 보이지 않지만, 뭍에 올라오며 곧잘 원숭이로 둔갑한다. 이 지방에서는, 얼굴이 하얗고 눈썹이 검은 원숭이를 대체로 카와에로(カワエロ)라고 여긴다고 한다. 사람이 원하는 것으로 변하여 놀리는 것을 좋아한다고 전해진다.

카파의 동류

🏃 카와타로(川太郎)

이와테(岩手)현 시즈쿠이시(雫石)강 인근지역에서는 캇파(河童)를 카와타로(川太郎)라고 부른다. 카와타로는 아이들을 매우 좋아해서 같이스모를 하거나, 술래잡기하는 등, 마치 아이를 돌보고 있는 것처럼보인다고 한다. 그러나 인간의 어른을 매우 싫어하여, 아이들에게도자신에 관해서 어른들에게 말하지 않도록 입단속을 시켰다고 한다.아이가 그 약속을 깨서 어른에게 상처를 입었을 때는「다음에 또 이런 일이 생기면, 동료를 모아 복수하러 올 거다!」라며 대단히 화냈다고 한다.

캇파의 동류

키노코(木の子)

캇파(河童)라 하면 물가에 살고 있는 요괴로 알려져 있으나, 산에 사는 캇파도 있다. 키노코(木の子, '나무의 아이'라는 뜻이다 - 역주)는 효고(兵庫)현의 산골짜기에 살고 있는 캇파다. 3~4살 정도의 아이처럼 보이지만, 그림자를 보는 것처럼 모습이 뚜렷하게 보이지 않는다. 키노코라는 이름은, 옷 대신에 나뭇잎을 몸에 입고 있어서 붙여진 것이라여겨진다. 방심하고 있으면 도시락을 훔쳐 간다고 전해진다.

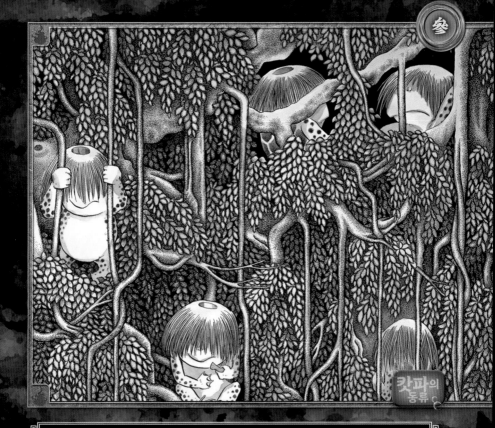

 켄몬(ケンモン)

「켄문(ケンムン)」이라고도 부르며, 카고시마(鹿児島)현 아마미(奄美) 군도에 서식하고 있다.

키지무나(キジムナー, 16P)에 가까운 요괴로 숲속에서 살고 있다. 단발머리 위에 있는 접시에는 기름이 담겨 있어, 밤이 되면 접시에 불을 켜고 해안으로 나온다. 접시 안에 있는 기름이 쏟아지면 죽는다고 한다. 스모를 좋아하여 사람을 보면 승부를 걸어온다. 혹시, 스모를 하여 켄몬(ケンモン)에게 이겨도 앙갚음을 당하는 경우는 없다.

코보시(小法師)

코보시(小法師)는 바다에 출몰하는 캇파(河童)의 일종으로, 킨키(近畿)
지방과 토카이(東海) 지방을 중심으로 잘 알려진 요괴다. 미에(三重)현
토바(鳥羽)시에서는, 천왕제(天王祭, 일본의 토속 신 우두천왕에게 제사를 지내
는 날 - 역주) 때 바다를 헤엄치면 코보시가 시리코다마(尻子玉, 항문 안에
있다고 여겨지던 구슬 - 역주)를 빼내어 죽게 된다고 여겨진다. 같은 현에
있는 시마(志摩)시에서는 코보시를 「시리코보시(尻子法師)」라 부르며,
해녀들이 두려워했다고 한다.

시바텐(シバテン)

「시바텐구(芝天狗)」라고도 불리며, 코치(高知)현 산속에 서식하고 있는 캇파(河童)다. 신장은 1m 정도로 전신에 털이 나 있다. 스모 하는 것을 제일 좋아하며, 하루 종일 해도 질리지 않는다고 한다. 시바텐(シバテン)의 스모 상대를 해주는 사람에게는 큰일이다. 코치(高知)시 주변 지역에서는, 시바텐이 음력 6월 7일에 강에 들어가서 엔코우(エンコウ, 239P)가 된다고 여겨졌다.

 캇파의 동류

스이코(水虎)

캇파(河童)치고는 몸집이 크지만 사람에게는 모습을 잘 보이지 않는다. 강이나 바다에 나타나, 일 년에 한 번씩 사람을 물속으로 끌고 가서 피를 빨아먹고, 시체를 물 밖으로 버린다고 한다. 스이코(水虎)에게 죽은 시신은 장례식을 하지 않고, 밭 안에 세운 초가집에 시신을 안치한다. 그러면 시신이 썩으면서, 스이코도 똑같이 썩어서 죽게 된다고 한다.

세코(セコ)

산에 사는 캇파(河童)의 동류로, 사람의 흉내를 내거나, 손발을 잡아
당기는 등의 장난을 좋아한다. 산속에는 세코(セコ)가 다니는 길이 있
는데, 그곳에 집이나 오두막집을 세우면 화를 내며 흔든다. 세코가
집 안에는 들어오지 않는다고 하지만, 흔들리는 집안에서 주인은 불
안으로 밤잠을 자지 못할 것이다. 하지만 세코는 정어리의 머리를 싫
어하기 때문에 「정어리를 줄 거다!」라 말하면 얌전해진다고 한다.

캇파의 동류

나미코조우(浪小僧)

옛날 시즈오카(静岡)현 하마마츠(浜松)시에서의 일이다. 농가의 소년 앞에 작은 아이가 나타나 길을 잃었으니 바다까지 함께 가달라고 부탁했다. 그 작은 아이는 나미코조우(浪小僧)라는 캇파(河童)인 것 같았다. 소년은 가엾게 여겨 나미코조우의 부탁을 들어주었다. 그 해 가뭄이 계속되며 논의 벼가 시들어 가서 소년이 곤란해하자, 바다에서 며칠 전에 만났던 나미코조우가 달려왔다. 나미코조우는 소년에게 「나의 아버지가 기우제의 명인이니, 비를 내리게 해드릴게요!」라고 말하고는 모습을 감추었고, 곧 큰비가 내리기 시작했다고 한다.

네네코캇파(祢々子河童)

토네(利根)강에서 살고 있는 여자 캇파(河童)인데 난폭한 성질로 유명하다. 칸토(関東) 지역에 살고 있는 캇파들의 우두머리로 알려져 있다. 활어조(잡은 물고기를 살려서 가두어두는 물통 - 역주)의 물고기를 훔치거나, 말을 물속에 끌어 넣어버리거나, 오이 밭을 망가트리는 등 매일같이 말썽을 부린다. 그러다 어느 날 네네코캇파(祢々子河童)는 무사에게 잡혔다가 사죄하고 풀려났있는데, 그 보답으로 베인 상처에 잘 듣는 묘약의 제조비법을 가르쳐 줬다고 한다.

캇파의 동류

효우스에(ひょうすえ)

「효우스베(ひょうすべ)」라고도 부른다. 큐슈(九州) 사가(佐賀)현에서 오래 전부터 불렸던 캇파(河童)의 통칭이다. 나라(奈良) 시대에 카스가(春日)신사를 옮기는 큰 공사를 담당하던 관리가 비법으로 인형들에 생명을 불어넣고 공사를 돕게 하였다. 완공 후, 필요 없어서 강에 버린 인형들이 캇파로 변하여 사람을 습격하였다. 이에 천황의 명으로 효부다이후(兵部大輔, 일본의 옛날 군사행정 관직 - 역주)의 시마다마루(島田丸)가 캇파들을 진압하고 그들의 주인이 되었다. 이후, '주인은 효부다이후'라는 의미에서 캇파를 「효우스베(兵主部)」라 부르게 되었다고 한다.

효우즌보(ヒョウズンボ)

캇파(河童) 중에는 하늘을 나는 종족도 있다. 효우즌보(ヒョウズンボ)는 미야자키(宮崎)현에 사는 보기 드문 캇파다. 봄 동안에는 강에 있고, 가을이 되면 산으로 이동하여 산다고 한다. 주로 피안(彼岸, 춘분과 추분을 중심으로 7일간 있는 일본의 절기 - 역주) 주간의 비 내리는 날에「효옹 효옹」하고 철새처럼 소리를 내며 집단으로 날아간다. 시냇물 줄기나 산등성이를 따라서, 산과 강을 오가는 듯하다. 장난을 좋아해서, 효우즌보가 지나는 길에 집이 있으면 그곳에서 장난을 친다. 이런 점은 세코(セコ, 249P)와 비슷하다.

후치자루(淵猿)

후치자루(淵猿)

옛날에 히로시마(広島)현의 산속 깊은 곳에서 후치자루(淵猿)가 날뛰었다. 후치자루는 일당백의 말도 안 되는 힘의 소유자로, 가축은 물론 사람에게도 피해를 끼쳐, 사람들은 몹시 곤란해하고 있었다. 그래서 아라 겐자부로(荒 源三郎)라 하는 무사를 불러, 후치자루 퇴치를 하게 되었다. 정면 승부로는 승산이 없어 약점을 찾던 중, 머리위에 있는 접시의 물이 눈에 띄었다. 겐자부로는 후치자루에게 살며시 다가가 목을 잡고 좌우로 힘껏 휘둘렀다. 머리위에 있는 접시의 물이 쏟아져 없어지자, 후치자루는 바로 힘을 잃고 생포되었다고 한다.

부나가야비(ブナガヤ火)

오키나와(沖縄)에서 유명한 요괴로, 푸른빛이 도는 불을 부린다고 알려진다. 오키나와 본토에 있는 오오기미(大宜味)마을에서는, 그 신기한 불빛을 봤다는 사람이 많다. 평소에 부나가야비(ブナガヤ火)는 물밑에 있어, 그 모습을 보기 힘들다. 그렇기 때문에 강에 놀러 온 아이가 무심결에 부나가야비의 몸을 밟으면, 밟힌 부분과 같은 부분의 몸에 불을 붙여 앙갚음을 한다. 화상은 검붉게 붓고 물집이 잡히지만, 주문을 읊으면 나아진다고 한다.

캇파의 동류

벤케이보리노 카와타로우(弁慶堀の河太郎)

에도(江戸)성의 바깥쪽 해자(적의 침입을 막기 위해 성 주위를 판 구덩이로 물을 채워 넣기도 한다 - 역주) 벤케이보리(弁慶堀)에서 숨어 살던 캇파(河童)다. 무사를 모시는 종자가 어두운 밤에 벤케이보리를 걷고 있는데, 물속에서 아이의 목소리가 들렸다. 해자 안을 들여다보니, 물에 빠져 손을 뻗고 있는 한 아이가 보였다! 도우려고 손을 잡았는데, 아이는 강한 힘으로 자신을 물속에 끌고 가려 했다. 깜짝 놀란 종자는 필사적으로 손을 뿌리치며 도망쳤다. 종자의 옷은 물에 흠뻑 젖었고 엄청난 악취가 났는데, 옷을 빨아도 좀처럼 악취가 사라지지 않았다고 한다.

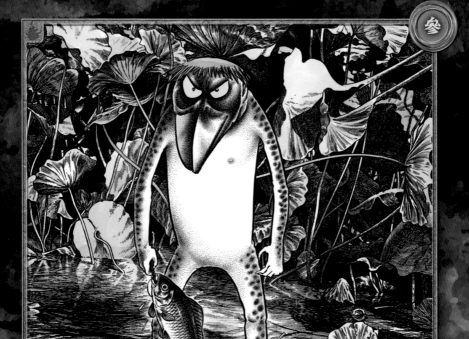

캇파의
동류

민츠치 (ミンツチ)

홋카이도(北海道)에도 캇파(河童)가 있다. 머리 위에 접시나 접시 물은 보이지 않고, 털이 나 있다. 혼슈(本州)에 사는 캇파처럼 사람을 물속으로 끌고 가거나, 사람을 홀리는 등의 해를 주지만, 때로는 사람을 지켜준다고도 전해진다. 또한 물고기를 부려서, 물고기가 많이 잡히게 하거나 전혀 잡지 못하게도 한다. 물의 신이라고도 불리는 캇파다.

야마와로(山童)

캇파(河童)가 가을이 되면, 산속에 들어와 야마와로(山童)가 된다고 전해지는 지방이 많다. 단순히 이름만 변하는 것이 아니라, 성질이나 몸의 특징까지 변해 다른 요괴가 되는 것이다. 야마와로는 가을부터 봄까지 산속에 살며 사람의 일을 도와준다고 한다. 일을 부탁할 때는, 쌀이나 보리를 볶아서 빻은 가루나 술을 주면 좋다.

제 3 장
동물을 닮은 모습으로 그려진 요괴

너구리의 동류

사람을 홀리거나, 여러 모습으로 둔갑하는 등, 옛날부터 너구리는 다채로운 능력을 갖추고 있다고 여겨져 왔다. 그러한 반면에 얼빠지고 우스꽝스러운 이야기가 많은 것도 너구리이다.

너구리의
동류

아시마가리 (足まがり)

밤길을 걷는데, 갑자기 발에 솜처럼 부드러운 것이 엉겨 붙었다. 이처럼 「아시마가리(足まがり)」는 사람의 발에 엉겨 붙어서 걷는 것을 방해하는 요괴다. 이것은 너구리 짓이라고 여겨지며, 실제로 조우한 사람에 의하면 아시마가리를 손으로 쥐니 꼬리와 같은 감촉이었다고 한다. 걷는 것을 방해하는 요괴는 일본 각지에서 전해지고 있지만, 너구리의 짓이라고 여겨지는 것은 이 요괴뿐이다.

너구리의 동류

이누가미교우부다누키(隠神刑部狸)

에히메(愛媛)현의 대표적인 너구리로, 808마리나 되는 부하를 거느리고 있다. 그렇기 때문에 팔백팔 너구리라고도 불린다. 마츠야마(松山)성을 점령하려는 야심을 드러낼 만큼 신통력이 뛰어난 너구리로 유명하다. 하지만, 그 야심이 실패로 끝나며 부하와 함께 동굴에 봉인되어버렸다. 그 봉인된 동굴은 야마구치레이신(山口霊神)이라는 신사에 있다.

오오카무로(大かむろ)

덧문 근처에서 소리가 나서 문을 열어보니, 믿어지지 않을 만큼 거대한 얼굴의 괴물이 나타났다! 거대한 얼굴의 괴물은 사람이 놀라는 모습에 만족하고 사라져 버렸다. 이 괴물의 정체는 오오카무로(大かむろ)로, 너구리가 둔갑한 것이라 여겨진다. 너구리가 오오카무로로 둔갑하는 모습이 목격된 적은 없지만, 사람들은 이런 장난을 칠 녀석은 너구리뿐이라고 이야기한다.

킨쵸우타누키(金長狸)

토쿠시마현의 염색가게 이야기다. 어느 날 저택 뒤편에 너구리굴이 생겨서 일꾼은 너구리를 죽이려 했으나, 온화한 주인은 매일 음식을 주었다. 머지않아 만키치(萬吉)라는 기술자가 와서 주인에게 말했다. 「나는 206살 킨쵸우(金長)인데, 도와주어 감사하다. 보답으로 장사 번영에 힘쓰겠다!」. 만키치가 킨쵸우라는 너구리에게 흘려 감사함을 전했다. 만키치는 병을 고치거나 점을 봐주고 인기를 얻어 가게도 번창하였다. 이 너구리가 유명한 「아와타누키갓센(阿波狸合戦, 토쿠시마현에서 일어난 너구리끼리의 대전쟁 - 역주)」의 주인공 킨쵸우타누키(金長狸)다.

타케키리다누키(竹切狸)

「딱, 딱」. 한밤중의 대나무 숲에서 대나무의 가지를 치는 소리가 나더니, 쩌적 하며 대나무가 쓰러지는 소리가 났다. 이런 한밤중에 누구지? 그러나 다음 날 아침에 대나무 숲에 가보니 대나무를 자른 흔적은 전혀 없었다. 그것은 타케키리다누키(竹切狸)의 장난이다. 너구리는 둔갑만 하는 것이 아니라, 소리를 흉내 내는 것에도 능숙하다.

너구리의 동류

타누키바야시(狸囃子)

심야 어딘가에서 북소리가 들려왔다. 이것은 타누키바야시(狸囃子)의 짓이다. 자신의 몸을 두드려 북소리를 내는 너구리, 타누키바야시는 일본 전국에서 이야기가 전해진다. 도쿄(東京) 치요다(千代田)구나 스미다(墨田)구 지역에서도 7가지의 불가사의로 꼽힐 만큼 잘 알려져 있다. 북소리를 내는 이유로는, 사람을 속이려는 짓이란 설과 소리를 즐기기 위해서 두드린다는 설이 있다.

바케모노코우(狸伝膏)

어느 무사 가문의 집 변소에서 용변을 보면, 변기 아래에서 털이 자란
손이 뻗쳐 나와 엉덩이를 쓰다듬는다고 한다. 화가 난 무사는 어느 날
밤에 변기에서 뻗어 나온 손을 베어내었다. 놀란 괴물은 잘린 손을 두
고 도망갔고, 무사는 그 손을 보관하기로 하였다. 그날 밤 무사의 꿈
속에서 너구리가 나타나「손을 돌려주세요!」라고 간원했다. 불쌍하게
여긴 무사가 손을 돌려주니, 너구리는 기뻐하며 사례로 비약의 제조
법을 알려주고 사라졌다. 무사의 가문은 너구리가 알려준 비약에「바
케모노코우(狸伝膏)」라 이름 붙이고 팔기 시작했다고 전해진다.

너구리의
동류

히토츠메다누키(一つ目狸)

히토츠메다누키(一つ目狸)라고 불리는 외눈박이 너구리는 놀라게 하는
것을 가장 좋아하여, 밤이 되면 사람이 오는 것을 기다렸다. 어느 날
밤, 첫 번째 사람이 다가오자, 큰 눈을 번쩍번쩍 빛냈고 사람은 겁먹고
도망쳤다. 두 번째 사람은 좀처럼 놀라지 않았지만, 눈알을 얼굴만큼
크게 만들자 역시 놀라서 도망쳤다. 세 번째 사람은 눈이 보이지 않는
남자였다. 눈알을 얼굴보다 크게 만들어도, 전혀 동요하지 않았다. 오
기가 생겨서 더욱 눈알을 크게 만들다가, 그만 눈알이 튀어나와 버렸
고 너구리는 뒤집혀 넘어지다가 머리가 잘못 부딪혀서 죽어버렸다.

너구리의 동류

후쿠로사게(袋下げ)

옛날 나가노(長野)현 오오마치(大町)시 부근에서, 후쿠로사게(袋下げ)라
는 요괴가 나타났다.

사람이 숲속을 지나가는데, 갑자기 흰 주머니가 내려왔다고 한다. 사
람들은 이것도 너구리의 장난일 것이라 생각한다. 코치(高知)현에서
는, 흰 주머니가 아니라 차를 걸러 내는 주머니가 내려오는 이상한
일이 일어났지만 아직 누구의 짓인지는 밝혀지지 않았다.

너구리의 동류

보우즈다누키(坊主狸)

토쿠시마(德島)현 미마(美馬)군에 보우즈바시(坊主橋)라는 다리가 있었다. 다리 옆에는 대나무 숲이 있었는데, 밤에 이 근처를 걸어가면 중처럼 삭발 당하였다고 한다. 범인은 너구리로, 그 지방의 주민들은 보우즈다누키(坊主狸)라고 부른다. 너구리 보우즈다누키 외에도 오카야마(岡山)현에 사는 여우 보우즈기츠네(坊主狐)도 사람을 대머리로 만든다.

마메다누키(豆狸)

에도 시대에 로잔이라는 노래 작사가는 미야자키(宮崎)현에서 마음이 통하는 상대를 만나, 그의 집에 방문하여 다다미 여덟 장이 깔린 방에서 함께 마음에 맞는 노래 가사를 지었다. 작사에 심취한 로잔은 실수로 담뱃재를 다다미에 떨어트렸는데, 다다미가 단숨에 말려 올라갔고 로잔은 내동댕이쳐졌다. 로잔이 정신을 차리니, 집은 사라졌고 들판만 있었다. 상대의 정체는 마메다누키(豆狸)로, 다다미는 너구리의 음낭이었던 것이다. 마메다누키의 음낭은 넓이가 다다미 여덟 장 정도나 되어, 비가 내리면 우산처럼 쓰고 술을 사러 나간다고 전해진다.

모린지의 솥(茂林寺の釜)

군마(群馬)현 타테바야시(館林)시의 모린지(茂林寺)라는 절에 슈카쿠(守鶴) 스님이 살았다. 슈카쿠에게는 아끼는 찻솥(茶釜, 찻물을 끓이는 솥 - 역주)이 있었는데, 찻물을 계속 따라도 끝이 없는 신기한 물건이었다. 어느 날, 슈카쿠는 꼬리 숨기는 것을 깜박 잊어, 절의 어린 승려에게 들켜버렸다. 슈카쿠의 정체는 둔갑한 너구리로, 찻솥도 요술로 만든 것이었다. 이 사건을 바탕으로 옛날이야기인『분부쿠챠가마(分福茶釜, 가난한 남자에게 은혜 입은 너구리가 찻솥으로 둔갑한 채 공연을 하여 벌은 많은 돈을 남자에게 주어 답례했다 - 역주)』가 만들어졌다.

야시마의 하게(屋島の禿)

겐페이노야시마갓센(源平の屋島合戦, 헤이안 시대를 끝내고 카마쿠라 시대를 만
든 내전 - 역주)의 전장인 카가와(香川)현 야시마(屋島)에 하게(禿)라는 늙
은 너구리가 살았다. 하게는 야시마에서의 전쟁을 나무 위에서 구경
했다고 할 만큼 오랫동안 살고 있던 너구리다. 한때는 시코쿠(四国)
지역 너구리들의 대장이었으나, 사냥꾼에게 죽은 후 영혼만 남아서
사람을 홀리고 그 입을 빌려 말하게 되었다. 에도 시대에는 여성의
몸속에 숨어 살며 길흉을 예언하였다. 청일전쟁과 러일전쟁에서는
부하를 이끌고 출정하였다는데, 그 후로는 행방불명이 되었다.

반인반수의
모습으로
그려진 요괴

제 4 장

반인반수 요괴의 쉬운 예로, 상반신은 인간이고 하반신은 물고기 닮은 인어를 들 수 있다. 여러 생물이 복잡하게 뒤섞인 요괴의 모습은 무섭기도 하고 기괴하기도 하며 아름답기도 하다. 그런 개성적인 요괴 30마리를 소개한다!

아마노자코(天逆毎)

사나운 여성 요괴로, 「스사노오노미코토(須佐之男命, 바다의 신이며 일본 황족의 조상신 아마테라스오카미의 동생 - 역주)가 몸 밖으로 뱉어낸 사나운 기운으로 만들어진 여신이다!」라고, 에도 시대 서적에 기록되어 있다. 몸은 사람이지만, 목부터 위는 동물처럼 코가 높고 귀와 엄니가 길다. 생각대로 안 되면 화를 내며 일을 마음대로 처리해야 직성이 풀린다. 얼굴은 텐구(天狗) 같고, 성격은 뭐든지 다른 사람과 반대로 하려는 아마노자쿠(天邪鬼, 사람의 마음을 가늠하며 장난치는 요괴로 성질이 삐뚤어졌다 - 역주)와 닮았다. 텐구와 아마노자쿠의 조상 같은 요괴다.

아마비에(アマビエ)

에도 시대에 있었던 일이다. 쿠마모토(熊本)현 바다에서 빛나는 무엇인가를 봤다는 보고가 잇따랐다. 관리가 서둘러 가보니, 바다 속에서 괴물이 출현했다. 머리카락이 긴 인어처럼 보였지만, 새와 같은 부리도 있었다. 관리를 본 괴물은 갑자기 말하기 시작했다. 「나는 아마비에(アマビエ)다. 이제부터 6년간은 풍작이지만, 만약 역병이 돌면 사람들에게 내 초상화를 보여주어라!」. 괴물은 이러한 예언을 남기고 다시 바다 속으로 돌아갔다. 쿠타베(クタ部, 194P)의 바다 요괴판인 셈이다.

아마메하기(アマメハギ)

이시카와(石川)현 노토(能登)반도 지역에 나타나는 요괴로, 신의 사자라고도 할 수 있다. 아마메(アマメ)는 난로나 화로를 너무 오래 쬐면 생기는 「붉은 반점(火だこ)」으로, 옛날 사람들은 일을 게으름피우면 생기는 병으로 여겼다. 아마메하기(アマメハギ)는 새해 전날 밤에, 게으름뱅이를 훈계하기 위해 「붉은 반점」을 벗겨내러 오는 요괴다. 교육적인 요괴로서, 모든 집에서 환영하며 감주 등을 대접했다고 한다.

이소온나(磯女)

해변에서 나타나는 여성 요괴는 일본 각지에 있지만, 이소온나(磯女) 라 불리는 요괴는 큐슈(九州) 지방에만 있다. 이 지방 특유의 요괴로 성격이 흉폭하다. 큐슈 지방 나가사키(長崎)현에 나타난 이소온나는 배를 습격한다고 하고, 쿠마모토(熊本)현에 나타난 이소온나는 배 안 에 숨고는 사람의 피를 빨아먹어 죽였다고 전해진다. 카고시마(鹿児 島)현에 나타난 이소온나는 사람의 피를 빨아먹는 미녀 모습의 요괴 였다고 한다.

잇폰다타라(一本ダタラ)

겨울에 와카야마(和歌山)현과 미에(三重)현에 걸친 쿠마노(熊野) 지방을
걷다보면, 눈밭 위로 폭 30cm 정도나 되는 커다란 발자국을 발견할
수 있다. 더구나 두 발이 아니라, 한 발로 된 발자국인데, 이것은 잇
폰다타라(一本ダタラ)라 불리는 요괴의 발자국이다. 하나의 다리에 한
개의 눈이라는 이상한 모습으로, 사람처럼 보이는 부분도 있고 짐승
처럼 보이는 부분도 있다.

이와나보우즈(岩魚坊主)

오랜 세월을 살아온 큰 곤들매기가 스님의 모습으로 둔갑한 요괴이다. 전설에 따르면, 마을사람들이 강에 독을 흘려보내 물고기를 잡고있자, 낯선 스님이 나타나 살생을 하지 말라고 설교했다. 좀처럼 돌아가지 않는 스님에게 마을사람들이 경단을 권하자, 맛있게 먹고는 떠났다고 한다. 마을사람들이 다시 고기를 잡다가 사람만한 크기의 거대한 곤들매기를 잡았다. 매우 기뻐하며 마을에 곤들매기를 가지고 돌아가 배를 갈랐더니, 조금 전 스님에게 주었던 경단이 나왔고, 누구도 그 이와나보우즈(岩魚坊主)를 먹으려 하지 않았다고 전해진다.

우미오쇼우(海和尚)

에도 시대의 백과사전『와칸산사이즈에(和漢三才図会)』에 의하면, 몸집이 큰 경우는 6척(1.8m)이나 되며, 거북이나 자라의 몸통에 사람의 머리가 달린 모습이라고 한다. 우미보우즈(海坊主, 9P)의 일종으로 폭우를 부르고 바다를 거칠게 하는 무서운 요괴다. 하지만, 어부가 우미오쇼우(海和尚)를 잡아 죽이려 하니 두 손을 모으고 눈물을 흘리며 목숨을 구걸했다고 한다. 「앞으로 고기잡이의 방해를 하지 않는다면 살려주마!」라고 어부가 말하자, 우미오쇼우는 서쪽을 향해 하늘을 우러러 보았는데 아마도 「그러겠습니다!」라는 의미일 것으로 생각된다.

우미뇨우보우(海女房)

고등어를 가득 잡아 보관한, 어떤 어부의 집에서 일어난 일이다. 고등어를 통에 넣어 소금으로 절이고 누름돌을 올려두었을 때, 우미뇨우보우(海女房)가 새끼들을 데리고 어부의 집에 들어왔다. 그리고는 누름돌을 밀어내고 고등어를 우적우적 먹었다. 「할아범은 어디로 갔지? 입가심으로 먹으려고 했는데!」라며 투덜거린 우미뇨우보우는 배가 불렀는지 새끼들과 함께 돌아갔다고 한다. 이소온나(磯女, 277P)처럼 흉포한 여성 요괴이다.

오키쿠무시(於菊虫)

비명횡사한 여성의 영혼이 벌레에 씐 요괴다. 효고(兵庫)현의 유명한
괴담 「반슈우사라야시키(播州皿屋敷)」를 통해서, 오키쿠(お菊)라는 여
성이 억울하게 살해되어 던져진 우물에서 벌레가 대량으로 발생했
고, 사람들은 그 벌레를 오키쿠의 원념이라며 「오키쿠무시(於菊虫)」라
고 부른다는 내용이 전해진다. 나라(奈良)현에는, 오키쿠라는 여성이
쌀을 훔친 벌로 죽임을 당한 후부터, 매년 봄에 빛을 발하는 벌레가
나타나게 되었다는 이야기도 있다. 두 벌레 모두, 몸의 일부가 사람
처럼 생긴 모습 때문에 사람들이 매우 두려워했다고 한다.

카이진(海人)

나가사키(長崎)에서의 경험을 기록한 에도 시대의 책『나가사키견문
록(長崎見聞録)』에, 바다에 사는 요괴 카이진(海人)이 소개되어 있다. 허
리 부분의 피부가죽이 처지고 펄럭여서 하카마(袴, 폭이 넓고 펄럭이는 일
본의 전통의상 - 역주)를 입고 있는 것처럼 보이며, 형체는 사람처럼 보이
지만 손발에는 물갈퀴가 있다고 기록되어 있다. 바다에 사는 요괴이
지만, 땅에 며칠간 올라와도 죽지 않는다고 한다.

서, 사람들과 함께 산속을 샅샅이 뒤지며 찾았지만 보이지 않았다.
남자는 녹초가 되어 집에 돌아왔는데, 아이가 있는 것이 아닌가! 아
이는, 산 정상에 있던 사당 뒤에서 소변을 보고 있는데 까만 얼굴의
남자가 나타나 「여기서 소변을 보면 안 된다! 아저씨가 집에 보내줄
테니 눈감아」라고 말하여 시키는 대로 한 후에 눈을 뜨니 집에 도착
해 있었다고 말했다. 이것은 카라스텐구의 짓으로, 시간이나 공간을
다루는 힘은 텐구의 능력 중 하나다.

키요히메(清姫)

옛날에 안친(安珍)이라는 잘생긴 수행승이 있었다. 쿠마노(熊野) 지역의 여관집 딸 키요히메(清姫)는 그러한 안친에게 격렬한 연정을 품었다. 키요히메는 적극적으로 다가갔으나, 안친은 얼버무리며 도망쳤다. 그러나 키요히메는 더욱 집착하게 되었고, 결국 연심은 분노로 변하며 몸이 구렁이처럼 변해버렸다. 신변의 위험을 느낀 안친은 도우죠우지(道成寺)라는 절로 도망쳐 커다란 범종 속으로 몸을 숨겼다. 그러나 키요히메는 구렁이 같은 몸으로 범종을 일곱 겹으로 둘러싸고, 사랑의 화염으로 자신과 함께 모든 것을 태워버렸다.

쿠비레오니(くびれ鬼)

「쿠비루(くびる)」는 「목 졸라 죽이다」라는 뜻이다. 이 쿠비레오니(くびれ鬼)는 사람을 홀려서 「목매달아 죽고 싶다!」라는 기분이 들게 한다. 그리고 그 사람이 목매달을 때까지 떨어지려 하지 않는다. 쿠비레오니는 강에 빠져 죽은 자의 영혼이라고 여겨진다. 강가를 보고 있다가 왠지 모르게 뛰어들고 싶어지거나, 죽고 싶은 기분이 드는 것은, 쿠비레오니 때문이라고 한다.

쿠라무시(くら虫)

뱀처럼 보이는 몸에는 털이 나 있고, 얼굴은 사람처럼 보인다. 에도 시대부터 전해져오는 요괴로, 초원 등에 숨어 살다가 다가오는 사람에게 이를 드러내며 습격한다. 「뱀」의 모습인데 「무시(虫, 벌레)」로 부르는 것이 이상하지만, 옛날에는 뱀을 「긴 벌레」라 부른 적도 있다고 하니 그 흔적일지도 모른다. 현대에서라면, 「인면뱀」이라고 불렸을 것이다.

코노하텐구(木葉天狗)

「사카이도리(境鳥)」라고도 불린다. 큰 부리를 가졌으나, 얼굴은 사람을 닮아 눈이 정면에 달려 있다. 두 손과 두 다리도 사람을 닮았고 손가락도 5개지만, 어깨 뒤로는 큰 날개가 달려 있고 엉덩이에 꽁지깃도 있다. 같은 종족의 「카라스텐구(烏天狗, 284P)」와 비교하면, 조금 더 사람을 닮은 인상이다.

제4장 반인반수의 모습으로 그려진 요괴

사자에오니(さざえ鬼)

30년 이상 살아온 소라가 요괴로 변한 것이다. 소라의 수명은 8년 정도인데, 그에 비해서 매우 긴 시간을 산 소라다. 역시 뭐든 오래 살면 요괴가 되어버리는 것 같다. 머리는 소라 모습을 닮았는데, 몸통에는 사람처럼 손발이 달려 있다. 평소에는 바다 속 깊은 곳에서 얌전하게 있지만, 달밤에는 둥실 떠올라서 춤춘다고 한다.

 사토리(さとり)

후지산 기슭에 있는 숲속에, 사람의 생각을 꿰뚫어 보는 마물 「사토리(さとり)」가 살고 있었다. 어느 날, 나무꾼 한 명이 이 마물과 만났다. 사토리가 겁에 질린 나무꾼의 생각을 차례로 간파하자, 사냥꾼은 대응을 포기하고 「될 때로 되라!」는 생각에 손에 쥔 것을 마구 휘둘렀다. 그 순간 우연히 부딪혀서 부러진 나무의 파편이 날아가 마물의 눈에 꽂혔다. 그러자 사토리는 「생각하는 것보다, 생각 없는 것이 무섭구나!」라고 외치며 도망쳤다고 한다. 우연히 벌어진 일이나 뜻밖에 벌어진 일을 두려워하는 것 같다.

잔(ザン)

오키나와(沖繩)현이 류큐(琉球) 왕국이었을 때의 일이다. 이시가키(石垣)섬에 사는 3명의 어부가, 하반신이 물고기고 상반신이 아름다운 여성의 모습인 요괴 잔(ザン)을 잡았다. 잔은 눈물을 흘리며 「바다로 돌려보내 주세요!」라고 부탁했고, 어부들은 바다에 풀어주기로 하였다. 잔은 머지않아 큰 해일이 올 것이라 고하고 바다로 사라졌다. 어부들은 마을 사람들에게 큰 해일이 올 것이라 전했지만, 누구도 믿으려고 하지 않았다. 그리고 어느 날, 큰 해일이 와서 마을은 전멸하였다. 이것이 1771년에 발생한 메이와(明和, 1764~1772년) 대해일이다.

진쟈히메 (神社姬)

어부 하치베는 어느 날 이상한 모습의 괴물과 만났다. 크기는 6m 정도나 되며, 여성의 얼굴 위로 뿔이 달렸고, 몸은 물고기를 닮았다. 그 괴물은 심각한 어조로, 이제부터 7년간 풍작이 이어지나, 그 후에는 콜레라 병이 유행할 것이라 예언했다. 그리고는 「나의 모습을 그림으로 그려 퍼트리면, 병을 피해갈 것이다!」라고 말하였다. 무섭게 생긴 모습이지만, 진쟈히메(神社姬)는 용궁에서 온 사자라고 한다. 아마비에(アマビエ, 275P)처럼 예언을 하는 요괴이다.

소라가미(空神)

와카야마(和歌山)현과 미에(三重)현 지방에서는 텐구(天狗)를 소라가미 (空神)라 부른다. 이 지방에서는, 아내와 싸우고 집을 뛰쳐나온 남자 가 수행자 모습의 소라가미에게 업혀 날아갔다는 이야기가 있다. 남 자는 3일 후에 돌아와서, 아내가 무엇을 물어도「소라가미 님께 꾸지 람을 듣게 된다!」며 말하지 않는다. 그 이후, 때때로 하늘을 올려보며 「소라가미 님의 말씀대로다!」라고 말하며 절을 하였지만, 다른 사람 에게는 아무것도 보이지 않았다고 한다.

다키(ダキ)

사가(佐賀)현에 있는 카카라(加唐)섬에 나타난 여성 요괴다. 두 명의 아이를 데리고 있는 어부에게, 낯선 여자가 「생선을 줘!」라며 찾아왔 다. 위험한 분위기를 느낀 어부는 배 안에 생선이 없었지만, 아이에 게 배 안으로 들어가 생선을 가져오라고 말했다. 아이들이 배 안에서 「생선을 못 찾겠어요!」라고 말하자, 자신도 생선을 찾는 척 배에 탔 다. 그리고는 바로 닻줄을 잘라 단숨에 바다로 도망쳤다. 여자는 「에 잇, 놈을 놓쳤다!」라고 분해했다고 한다. 이 여자의 정체는 다키(ダキ) 로, 사람의 목숨을 노리는 무서운 여성 요괴다.

텐죠우나메(天井なめ)

평소에 좀처럼 청소하기 어려운 천장을 깨끗하게 해주는 요괴가 아니다. 그 반대로 천장을 핥아, 더러운 얼룩을 묻히고 다니는 요괴이다. 사람이 없을 때 나타나, 긴 혀로 천장을 핥고 다닌다. 혀만 긴 것이 아니라 손발도 길다. 천장에 얼룩이 보이면, 이 요괴가 있는 것으로 생각하는 편이 좋다.

니가와라이(苦笑)

동물을 닮았다고도 사람을 닮았다고도 할 수 없는 이상한 모습으로, 한 번 보게 되면 잊을 수 없는 요괴다. 니가와라이(苦笑)는, 내심 웃고 싶지 않은데 무리해서 웃어야 하거나, 불쾌함을 느꼈을 때 나타난다고 한다. 그리고는 상대에게 미움 받을 말이나 독설을 뱉으며 미움 받을 행동을 취한다. 이렇게 하여 사람에게 미움 받는 것을 즐긴다고 한다. 니가와라이의 손에는 독이 있어서, 손톱이 요리에 닿으면 갑자기 맛이 없어진다고 한다. 왜 그런 짓을 하는지 이해할 수 없는 이상한 요괴다.

닌교(人魚)

반인반어의 모습을 한 신화 속 생물이다. 서양의 인어(mermaid)는 상반신이 아름다운 여성으로 정해져 있지만, 일본의 닌교(人魚, 인어)는 다르다. 옛날부터 일본에서 전해진 서적의 내용을 종합하면, 닌교는 입이 원숭이처럼 튀어나왔고, 이는 물고기와 같이 작으며, 비늘이 금빛으로 빛나는 생물이라고 한다. 또한, 말은 하지 않고, 몸에서부터 좋은 냄새가 나며, 고기의 맛도 좋다고 한다. 이러한 특징은, 전부 일본 닌교만이 가진 독특한 점이라 말할 수 있다.

누레온나(濡れ女)

옛날에 니가타(新潟)현과 후쿠시마(福島)현의 경계를 흐르는 강에서
나타났다고 전해지는 무서운 요괴다. 강이 세 줄기로 나뉘는 곳에서
어떤 여자가 머리를 감고 있었다. 이처럼 인적 드문 곳에 웬 여자가
있지? 노인은 이상하게 생각하며 배로 가까이 다가가려다가 바로 돌
아가며, 다른 배에 탄 사람에게 경고했다. 「저기 누레온나(濡れ女)가
있다!」 그 경고를 무시한 배 한 척이 여자에게 다가갔는데, 곧 끔찍
한 비명이 들렸다고 한다. 노인의 말로는 누레온나의 꼬리는 3정(약
327m)나 되며 들키면 도망칠 수 없다고 한다.

허데리카미 (魃)

가뭄을 일으키는 요괴다. 험악하고 깊은 산속에 살며, 얼굴은 사람을 닮은 부분도 있지만, 몸통은 완전히 짐승처럼 보인다. 외팔이에 외다리이지만, 바람처럼 빠르게 달린다. 이 요괴가 나타나면 비가 내리지 않는다거나, 잡아서 더러운 물속으로 넣으면 가뭄이 끝난다는 이야기 부분은 밧키(魃鬼, 221P)의 이야기와 똑같다.

후쿠로무지나(袋狢)

커다란 자루를 메고 있는 무지나(狢, 너구리나 오소리처럼 생긴 요괴로, 그림
속의 요괴는 오소리를 닮았다 - 역주)다. 토리야마 세키엔(鳥山石燕)의 화집
『햣키츠레즈레부쿠로(百器徒然袋, 1784년에 발행된 요괴화집 - 역주)』에 소개
되어 있는데, 거기에서도 여성의 얼굴로 그려져 있다. 에도 시대의
도둑은 훔친 것을 등에 메고 도망치는 모습으로 그려진 경우가 많은
데, 『햣키츠레즈레부쿠로』에 그려진 후쿠로무지나(袋狢)의 모습을 보
면, 그러한 도둑이 연상된다.

야마지지이
(山爺)

코치(高知)현의 산속 깊은 곳에서 나타
나는 요괴다. 외눈에 외다리로 언제나
도롱이 같은 것을 입고 있다. 사람의
모습을 닮았다는 이야기도 있지만, 전
신에는 쥐색의 짧은 털이 나 있고, 키
다란 눈에서는 빛이 난다고 한다. 매
우 강한 이빨로, 원숭이의 머리뼈를 무
처럼 뜯어 먹어 버리는 무서운 요괴다.
그래서인지 늑대조차도 야마지지이(山
爺)를 두려워한다고 한다. 사냥꾼들은
산속 오두막에서 잠을 잘 때, 가지고 있
는 털가죽을 뺏기지 않기 위해서, 오두
막의 주변에 야마지지이가 잘 먹는 동
물의 뼈를 둔다고 전해진다.

제4장 반인반수의 모습으로 그려진 요괴

야마텐구(山天狗)

산에서는 밤에도 나무를 베어 쓰러트리는 소리가 들리거나, 바람도 없는데 오두막이 흔들흔들거리는 등 이상한 일이 빈번히 일어난다고 한다. 카나가와(神奈川)현 사가미하라(相模原)시 지방에서는, 산에서의 이상한 일을 전부 야마텐구(山天狗)의 짓이라고 여겼다. 소총을 3발 쏘면 이상한 일이 일어나지 않는다고 말하는 사람도 있었지만, 야마텐구가 산의 신으로 여겨지고 있기 때문에 그런 시도를 한 사람은 없었다고 한다.

 ## 와카사노닌교(若狭の人魚)

와카사(若狭, 현재의 후쿠이현) 지역의 어부가 이상한 물고기를 잡았다는 소식에 사람들이 그 물고기를 먹으려고 모여들었다. 하지만 그 물고기의 머리가 사람의 얼굴처럼 생겼기에, 화를 입는 것이 두려워 아무도 먹지 않았다. 이후 한 명의 남자가 이상한 물고기를 가지고 집에 돌아갔는데, 딸이 먹어버렸다. 딸은 성장 후 몇 년이 지나도 젊은 모습 그대로였고, 비구니가 되어 808살까지 살았다고 한다. 이것이 유명한 팔백 비구니(八百比丘尼)의 전설로, 딸이 먹은 이상한 물고기가 와카사노닌교(若狭の人魚, '와카사 지역의 인어'란 뜻이다 - 역주)였다.

물건에 깃든
요괴

 제 5 장

물건이나 도구 등도, 100년이 지나면 정령이 깃들어 마음을 가지게 된다. 말하자면, 물건이 요괴로 변하는 것으로, 이런 부류의 요괴들을 「츠쿠모가미(付喪神)」라고 부른다. 그러한 요괴들 중에서, 긴 세월을 느끼게 하는 19마리를 모아 소개한다.

아부미쿠치(鐙口)

무장이 말에 탈 때, 발을 거는 금속제의 마구를 등자(鐙, 일본어로 '아부 미'라 읽는다 - 역주)라고 한다. 아부미쿠치(鐙口)는, 이 등자가 요괴로 된 것이다. 무장이 전사해 버리면 등자도 벌판에 버려진다. 그리고 긴 세월이 지나면 아부미쿠치가 되어, 죽은 주인을 언제까지나 계속 기 다린다.

운가이쿄우
(雲外鏡)

거울의 정령은 츠쿠모가미(付喪神, 물건에 정령이 깃들어 요괴로 변한 부류 - 역주) 부류의 요괴 중에서 가장 오래전부터 존재하였다고 여겨진다. 특히 둥근 형태의 거울은 태양이나 달을 상기시키며, 또한 비쳐지는 것의 정체를 드러내는 것으로 여겨지는 신비한 물건이다. 중국의 고서에는 수정으로 만들어진 쟁반에 물을 채우고, 그 물로 거울에 괴물의 모습을 그리면 그 거울 속에 괴물이 들어가서 살게 된다는 기록 등도 있는 등 거울에 관련된 이야기가 많다. 이처럼 불가사의한 이야기들 속에서, 거울에 깃들어 있다가 사람이 모두 잠 들었을 때 조용히 정체를 드러내는 요괴 운가이쿄우(雲外鏡)가 탄생했을 것이다.

 # 에리타테고로모(襟立衣)

에리타테고로모(襟立衣)는 고승이 입는 법의로, 머리 뒷부분을 덮을 정도로 옷깃이 튀어나온 독특한 겉옷이다. 원래는 세워져서 사람의 머리 뒷부분을 덮는 뾰족한 옷깃 부분이, 그림에서는 요괴의 얼굴에 드리워져서 부리나 코처럼 보인다. 이 요괴를 그린 토리야마 세키엔(鳥山石燕)에 의하면, 이 에리타테고로모는 교토(京都) 쿠라마(鞍馬)산에서 수련하던 승려의 법의라고 한다. 그 승려는, 뛰어난 신통력으로 유명한 오오텐구(大天狗)로 알려져 있다. 에리타테고로모는 그러한 오오텐구가 입었던 법의로 신령스러운 물건의 일종이라 볼 수 있다.

오이노바케모노(笈の化物)

수도자가 등 뒤로 메는, 네 모퉁이에 다리가 달린 상자를 '오이(笈, 우리말로는 '함'이라 부른다 - 역주)'라고 한다. 그러한 함이 낡아져 요괴로 변한 것을, 오이노바케모노(笈の化物, '함의 요괴'란 뜻이다 - 역주)라고 부른다. 옛날에 아시카가 타다요시(足利直義)의 저택에 이 요괴가 나왔다고 한다. 함처럼 생긴 몸통 위에는 수도자로 보이는 얼굴이 있고, 함을 받치는 다리 부분은 새처럼 보이는데, 입으로 부러진 검을 물고 있으면서 불을 뿜는 것으로 전해진다.

오보로구루마(朧車)

교토(京都)에 출현한 요괴로, 옛날 귀족이 타던 소달구지 뒤에 커다란 얼굴이 붙어 있는 이상한 모습을 하고 있다. 축제 때에 소달구지를 구경하기 좋은 장소에 서로 세우려던 싸움에서 패배한 귀족의 원한이 오보로구루마(朧車)를 만들었다는 이야기 등이 알려져 있다. 이 요괴는 토리야마 세키엔(鳥山石燕)의 화집 『콘쟈쿠햣키슈우이(今昔百鬼拾遺, 1781년에 발행한 요괴화집-역주)』에 소개되어 있다.

🔴 카나즈치보우 (金槌坊)

쿠마모토(熊本)현의 마츠이(松井) 가문에 전해지는 두루마리 『햣키야코우에마키(百鬼夜行絵巻, 요괴들과 귀신들의 행진을 그린 두루마리 - 역주)』에 그려진 요괴다. 까마귀 비슷하게 생긴 얼굴을 한 녀석이 쇠망치를 내려치려는 모습을 그린 그림인데, 그에 대한 설명은 적혀진 것이 없다. 물건에 깃든 요괴의 일종으로 여겨지며, 「요괴의 정체가 쇠망치를 갖고 있는 녀석」이 아니라, 「쇠망치 자체가 요괴」인 것 같다.

카메오사(瓶長)

물병이나 꽃병 등에 정령이 깃든 요괴다. 토리야마 세키엔(鳥山石燕)의 화집 『햣키츠레즈레부쿠로(百器徒然袋, 1784년에 발행한 요괴화집 - 역주)』에서 이 요괴에 대해 「계속 부어도 물이 끊이지 않는 행복한 물병이다!」라고 기록하였다. 원한을 가지고 요괴가 되는 경우가 많기 때문에, 이처럼 사람을 기쁘게 하는 카메오사(瓶長)는 드물다. 기름병에 깃든 카메오사(瓶長)는 사람을 홀려 죽이기도 하는 위험한 요괴로 여겨진다.

쿠라야로우(鞍野郞)

무장 미나모토노 요시토모(源義朝)의 가신 카마타 마사키요(鎌田正淸)
는, 무장 오사다 타다무네(長田忠致)에게 배신을 당해 암살되어버렸다
고 한다. 그때 마사키요(正淸)의 강한 원한이 말의 안장(鞍, 일본어로 '쿠
라'라 읽는다 - 역주)에게 씌어 요괴 쿠라야로우(鞍野郞)가 되었다. 손처럼
보이는 부분에 대나무를 가지고, 언제든 전쟁에 임할 준비가 되어 있
는 것처럼 보인다. 전쟁에 쓰는 도구는 무장과 늘 함께 전장에 나가
지만, 무장은 사람으로서 죽어도 물건은 남기 때문에 이런 요괴가 생
겨난다.

 # 시로우네리
(白容裔)

낡은 걸레를 방치해 두면, 습기나 먼지가 쌓여 걸레가 썩게 된다. 그리고 걸레가 썩으며 악취가 풍기기 시작할 때, 시로우네리(白容裔)라는 요괴가 탄생한다. 사람이 다가오면, 미끈미끈한 몸을 날려 입이나 목 주변에 찰싹 달라붙는데, 심한 악취와 불쾌함에 건장한 성인도 정신을 잃고 쓰러진다고 한다.

세토타이쇼우(瀨戸大將)

머리는 술병으로 되어 있고, 등은 칸나베(爛鍋, 술을 데울 때 쓰는 냄비 - 역주)로 되어 있는 등, 전신이 세토(瀨戸) 지방에서 만든 도자기로 되어 있다. 얼빠진 얼굴을 하고 있지만, 세토타이쇼우(瀨戸大將, '세토 지방의 대장'이란 뜻이다 - 역주)는 상당한 실력의 무장으로, 사가(佐賀)현 지방에서 만든 도자기와 전투를 했다고 한다. 그래서 세토타이쇼우는 창과 갑주를 몸에 걸치고 있는 것이다. 사가현 지방에서 만든 도자기와의 싸움에서 승리를 거둔 일로, 세토 지방의 도자기가 일본에서 주류가 된 것이라고 한다.

 츠노한조우(角盥漱)

츠노다라이(角盥)는 뿔 같은 손잡이가 특징인 세면용 대야이다. 입을 헹굴 때 사용하는 츠노다라이는, 츠노한조우(角盥漱)라고 불렸다. 헤이안 시대, 롯카센(六歌仙, 시 '와카'를 읊는 대표 가인 6명-역주) 중 한 명인 오토모노 쿠로누시는, 라이벌인 오노노 코마치의 시를 훔쳐듣고, 몰래 적은 후 자신의 시라고 속였다. 코마치는 그 시가 자신의 작품임을 증명하고자, 오토모노 쿠로누시가 쓴 종이를 츠노한조우에 넣고 물로 씻었다. 훔쳐듣고 종이에 적었던 글자가 떨어져 나와, 거짓말이 드러났다. 코마치의 억울함을 츠노한조우가 해결해준 것일지도 모른다.

뉴우바치보우와 효우탄코조우
(乳鉢坊と瓢箪小僧)

토리야마 세키엔(鳥山石燕)이 화집 『햣키츠레즈레부쿠로(百器徒然袋)』
에 2마리가 절하고 있는 모습으로 그린 요괴다. 큰 징을 머리에 쓰고
안쪽에 있는 것이 뉴우바치보우(乳鉢坊)다. 원래, 뉴우바치(乳鉢)는 약
등을 으깰 때 쓰는 사발을 뜻하지만, 여기서는 징과 같은 타악기의
요괴로 그려져 있다. 앞에 있는 효우탄코조우(瓢箪小僧)의 효우탄(瓢
箪, 표주박)에 대해, 옛 일본인들은 영혼이 깃들어 있다고 여겼다. 요괴
중에는 이들처럼 2마리가 함께 다니는 경우도 가끔 있다. 뉴우바치
보우와 효우탄코조우가 함께 다니는 이유는 알지 못한다.

뇨이지자이(如意自在)

「뇨이(如意, 여의)」는 법회나 설법 때 승려가 손에 들고 있는 불교 기물 중의 하나다. 등을 긁을 때 쓰는 「효자손」 같은 모양으로, 본래 그런 사용법으로도 쓰였다. 이 뇨이지자이(如意自在)는 「효자손」의 역할을 해주는 츠쿠모가미(付喪神)다. 그러나 날카로운 발톱 때문에 조심하지 않으면 등에 상처가 나버린다고 한다.

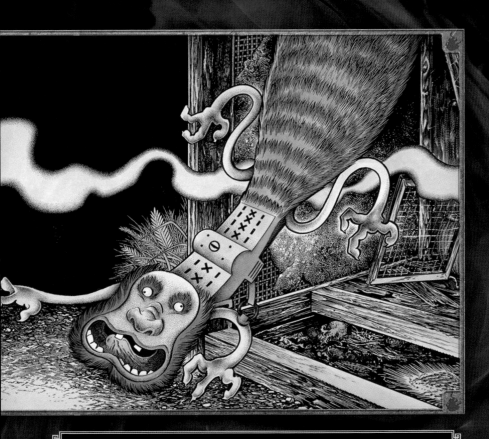

후룽우츠보(古空穂)

우츠보(空穂)는 허리에 차는 화살 통을 뜻한다. 아래쪽에 화살을 넣고 빼는 입구가 있다. 대체로 옻칠한 대나무로 만들어져 있지만, 그 속에 모피를 붙여 공들인 것도 있다. 동물의 모피를 사용한 도구는, 그렇지 않은 것에 비해서 츠쿠모가미(付喪神)로 변하기 쉽다고 알려져 있다.

훗스모리(払子守)

'훗스(払子, 불자)'는 짐승의 털 등을 묶어 손잡이를 붙인 불교의 기물로, 장례식 때 스님이 지닌 먼지떨이처럼 생긴 것이다. 어느 절에서 오래 써서 낡은 불자가 밤이 되고 춤췄다는 이야기가 전해진다. 불자의 긴 털이 머리카락처럼 보여서, 손잡이 부분에 옷을 입히면 사람처럼 보였을 것이다.

보로보로톤(暮露暮露団)

왜인지 딱하게 느껴지는 표정으로, 너덜너덜한 이불이 여기저기를 돌아다닌다! 이불의 정체는 보로보로톤(暮露暮露団)으로 사람의 영혼이 너덜거리는 옷이나 이불에 깃들어 요괴가 된 것이다. 옷이나 이불처럼 매일 사용하는 물건에는 사람의 영혼이 깃들기 쉬울 것이라 여겨진다. 토리야마 세키엔(鳥山石燕)의 화집 『핫키츠레즈레부쿠로(百器徒然袋)』에 그려져 있다.

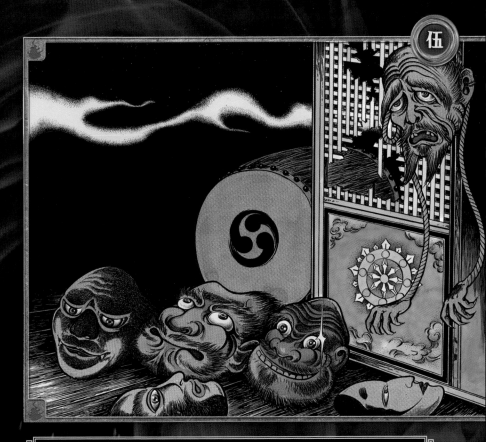

멘레이키(面霊気)

멘레이키(面霊気)는 오래된 가면이 요괴로 변한 것이다. 낮에는 보통의 가면으로 얌전하게 장식되어 있지만, 밤이 되면 벽에서 떨어져 움직이기 시작한다. 하지만, 그 집에 씌거나, 주인을 해치는 것은 아니다. 드문 경우지만, 멘레이키가 가면에서 빠져나와 사람의 모습으로 변했다는 이야기도 전해진다.

모쿠교다루마(木魚達磨)

에도 시대에 요괴를 그렸던 화가 토리야마 세키엔(鳥山石燕)은, 불교에서 쓰이는 모든 도구가 요괴로 변한다고 기록하였다. '모쿠교(木魚, 목탁)'는 수행승의 졸음을 쫓기 위해 만들어진 도구이고, '다루마(達磨, 달마대사)'는 잠을 자지 않고 수행을 거듭한 스님으로 알려져 있다. 수행승들은 이 두 가지가 합쳐진 요괴 모쿠교다루마(木魚達磨)를 두려워했을 것이다. 츠쿠모가미(付喪神)에게 「자지 마!」라고 감시당하기 때문이다.

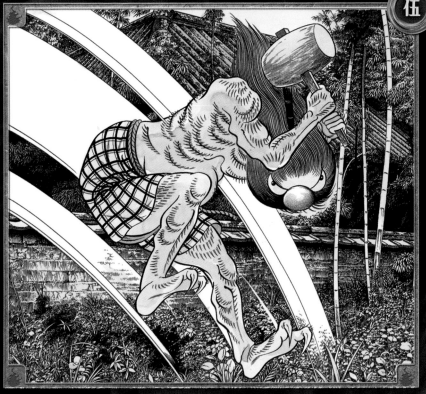

 ## 야리케쵸우(鎗毛長)

야리케쵸우(鎗毛長)는 끝에 새털 장식을 붙인 기다란 창으로, 에도 시대 다이묘(大名, 에도 시대에 넓은 영지를 관리하며, 1만 석 이상의 봉록을 받는 영주 - 역주)가 공식적인 행차를 할 때 선두에서 걷는 부하가 들고 흔드는 창이다. 그 창이 요괴가 된 것으로, 손에 어째서인지 나무망치를 꽉 쥐고 있다. 카나즈치보우(金槌坊, 313P)가 쇠망치를 내려치는 모습과 비슷해 보이지만, 야리케쵸우가 나무망치로 지면을 두드리는 이유는 길을 정화하기 위한 것으로 여겨진다.

불이나 연기의 모습으로 그려진 요괴

제 6장

「히노타마(火の玉, 도깨비불)」 요괴는 매우 많고, 일본 각
지에서 100종류가 넘는 여러 이름으로 불렸다. 그중에서
엄선하여 이번에 소개할 요괴가 22마리다.

인카(陰火)

'도깨비불'은 크게 「요우카(陽火)」와 「인카(陰火)」 두 분류로 나뉜다. 요우카는 뜨겁고 화재를 일으키지만, 물을 끼얹으면 바로 사라진다. 인카는 만져도 뜨겁지 않고, 색도 흰색이나 푸른색이 많으며, 물을 끼얹으면 더욱 불타오른다. 비 내리는 밤에 나타나는 도깨비불은 모두 인카로 분류된다고 할 수 있다. 또 유령과 함께 나타나는 도깨비불이 바로 인카다.

우바가비(姥火)

오사카(大阪)에 있는 히라오카(枚岡)신사에서는, 밤에 비가 내리면 30cm 정도의 '도깨비불'이 나타난다. 매일 밤마다 히라오카 신사에서 기름을 훔쳤던 노파가, 죽은 후에 벌을 받고 그 망령이 도깨비불로 변하여 우바가비(姥火)가 된 것이라 여겨진다. 생전에 죄를 진 노파의 망령이 도깨비불로 변했다는 이야기는 그 밖에도 많이 있다.

엔라엔라(煙羅煙羅)

여름에 천천히 올라가던 모기향의 연기가, 가끔 훅 하고 움직여 기묘한 형상이 될 때가 있다.

그 연기를 가만히 보고 있으면, 사람의 얼굴처럼 보이기도 하고, 짐승으로 보이기도 해서, 기분이 이상해진다. 모기향뿐만 아니라, 불에서 피어오르는 연기가 기묘한 형상으로 변하는 것은 전부 엔라엔라(煙羅煙羅)라고 불리는 요괴의 짓으로 여겨진다.

오니비(鬼火)

뜨겁게 불타는 「요우카(陽火)」로, 일본 각지에서 발생하며 지방에 따라 다른 이름으로 불린다.

쿠모비(蜘蛛火)

수백 마리의 거미가 한 덩어리의 도깨비불이 되어 날아다닌다. 이 불에 닿으면 목숨을 잃는다고 한다.

쿠라게노히노타마(海月の火の玉)

무사가 밤길을 걷고 있는데, 도끼비불이 흔들리며 다가왔다. 무사가 칼로 도깨비불을 베자, 도깨비불은 두 덩어리로 나뉘어져서, 무사의 얼굴에 달라붙었다. 뜨겁게 느껴지지는 않았지만, 얼굴에 송진처럼 끈적이는 것이 달라붙었다고 한다. 나중에, 오래 산 노인에게 물으니, 그 도깨비불의 정체는 바다에 사는 해파리(海月, 쿠라게)가 도깨비불(火の玉, 히노타마)로 변한 것으로 쿠라게노히노타마(海月の火の玉)라고 하였다. 어떤 생물도 혼을 갖고 있으면 요괴로 변할 수 있기 때문에, 해파리도 도깨비불이 될 수 있다.

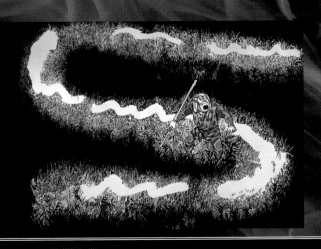

 ## 코에몬비(小右衛門火)

무수한 「인카(陰火)」가 모인 것으로, 코에몬(小右衛門)이라는 남자가 이 도깨비불을
지팡이로 공격했다가 도리어 저주를 받고 죽어버렸다. 그 이후부터 코에몬비(小
右衛門火)라 부르게 되었다.

 ## 코로우비(古籠火)

낡은 등에 깃든 불의 요괴이다. 사람이 있는 것처럼 기척을 일으키거나, 등에 흐
릿한 불빛을 켠다고 한다.

시라누이(不知火)

큐슈(九州) 지방 서쪽 바다에 무수히 많은 도깨비불이 20㎞ 이상에 걸친 바다 위에서 흔들리며 나타나는 것을 시라누이(不知火)라고 부른다. 누구도 시라누이에 다가가지 못했다고 한다.

타쿠로우비(たくろう火)

세토(瀬戸)내해를 이동하는 작은 배에서 쉽게 보였다고 전해지는 도깨비불이다. 비명횡사로 죽은 두 여성의 영혼이 요괴로 변한 것이라고 한다.

 ## 츄우코(チュウコ)

공중을 낮게 날아다니는 도깨비불로, 이 츄우코(宙狐, チュウコ)에 닿으면 건강이 나빠진다고 한다.

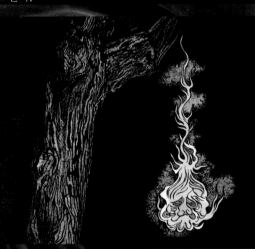

 ## 츠루베비(釣瓶火)

일렁일렁 인광(燐光, 빛을 흡수하고, 빛이 사라진 후에는 흡수했던 빛을 발광하여 어둠속에서 보이는 빛 - 역주)을 발하며 조용히 불타는 인카(陰火)이다. 츠루베비(釣瓶火)의 종류는 다양해서 빨갛게 불타는 것도 있다고 한다.

텐카(天火)

사가(佐賀)현이나 나가사키(長崎)현에서는, 하늘에서 도깨비불이 떨어
졌다고 한다. 그 도깨비불을 텐카(天火)라 부르며, 하늘에서 떨어진
후에는 땅을 구르며 도망 다닌다. 텐카가 나타나면, 바로 염불을 외
우며 쫓아다녀서, 마을 밖으로 내보내야 한다. 그렇지 않고 텐카를
그냥 두면 집으로 날아 들어와서 다 태워버린다.

니콘보우노히(二恨坊の火)

옛날에 오사카(大阪)부 이바라키(茨木)시 주변에서, 3월부터 7월까지 기묘한 도깨비불이 나타났다고 한다. 도깨비불은 집의 지붕이나 나뭇가지에 머물렀는데, 크기는 30cm 정도이고, 가까이서 보면 사람의 얼굴처럼 보였다. 이것은 억울한 누명으로 살해된 닛코우보우(日光坊)라는 수행자의 원한이 도깨비불로 변한 것이라 여겨지고 있다. 그러한 닛코우보우의 도깨비불은, 언젠가부터 니콘보우노히(二恨坊の火)라고 불리게 되었다.

노비(野火)

처음에는 우산만한 크기로 나타나지만, 갑자기 부서져 흩어지며 유성처럼 날아
간다. 코치(高知)현에 나타났던 로맨틱한 도깨비불이다.

바케비(化け火)

사람의 모습으로도, 씨름하는 자세로도 자유자재로 형상을 바꾸는 도깨비불이
다. 아무리 힘이 센 사람이라도 바케비(化け火)한테 덤벼들면 내동댕이쳐진다고
한다.

히토리마(火取魔)

이시카와(石川)현 카가(加賀)시에서 옛날부터 전해지는 요괴다. 카가시에 있는 코오로기(こおろぎ)다리의 근처에 「우바노후토코로(姥の懐)」라는 장소가 있었다. 그 장소에서 밝게 불을 붙인 등불을 들고 걷다보면, 불꽃이 쓱 하고 꺼질 것 같은 순간이 있다고 한다. 이것은 히토리마(火取魔)라는 요괴의 짓으로, 계속 걸어가면 등불의 밝기가 원래대로 돌아오게 된다.

후라리비(ふらり火)

불과 새가 뒤엉킨 것 같은 모습으로 나타나는 희귀한 요괴다. 불이 후라리비(ふら
り火)의 본체이고, 새는 그 요괴에 홀려 종속된 것이라고 전해진다.

호이호이비(ほいほい火)

나라(奈良)현 텐리(天理)시에서 나왔던 요괴다. 산을 향해 「호이호이」 소리 질러 요
괴를 부르면, 「샨샨」 하는 소리와 함께 나타난다고 한다.

마요이비(迷い火)

도깨비불 속에서 사람 얼굴이 보인다. 게다가 하나가 아니고, 3개나 4개의 얼굴이 보인다고 한다. 갑자기 길거리에 나타나서 사람을 놀라게 하지만, 불이 옮겨 붙는 경우는 없다. 그보다는 마요이비(迷い火)로부터 나오는 독기에 닿지 않도록 주의해야 한다. 먼 옛날, 야마구치(山口)현 이와쿠니(岩国)시 부근에서 목격되었던 무서운 요괴다.

미노비(蓑火)

도롱이(蓑, 짚으로 엮어 만들어서 어깨에 걸쳐 입는 옛날의 비옷 - 역주) 옷에 달라붙는 반딧불이 같은 도깨비불이다. 깜짝 놀라 손으로 미노비(蓑火)를 털어내면 산산이 흩어졌다가 다시 점점 늘어간다고 한다. 익사한 사람의 원령이라고 여겨진다.

류우토우(龍灯)

바다 위에 떠 있는 이상한 불덩이다. 용왕이 밝힌 불이라고 전해지며, 불꽃 덩어리 같은 것이 3m 정도의 높이에 떠올라 있어서 등불처럼 보인다.

자연물의
모습으로
그려진 요괴

제 7 장

바람, 물, 나무, 돌의 요괴들은, 보려고 해도 안 되고 알려고 해서도 안 된다고 한다. 자연과 하나가 된 무심한 상태가 좋다고 한다. 모습은 자연물을 닮아 수수하지만, 개성이 강한 「요괴」 12마리를 소개한다.

이케노마(池の魔)

옛날에 미에(三重)현 시마(志摩) 지방의 마을에 이상한 연못이 있었다.
그 근처에 있으면 이상하게 연못 속으로 몸을 던져버리고 싶어진다
고 한다. 그렇기 때문에 자살할 동기가 없던 사람이, 그 연못에 몸을
던져버린 사건이 몇 번이고 일어났다. 그래서 그 지방 사람은 그러한
사건들을 「이케노마(池の魔)에게 홀렸다!」라고 여기며 두려워했다.

제 7 장 자연물의 모습으로 그려진 요괴

옷파쇼이시(オッパショ石)

토쿠시마(德島)시 니시니켄야(西二軒屋) 마을에 돌로 만든 기묘한 묘비가 있다. 스모 선수의 묘가 완성되고 2~3개월이 지나자, 그 묘비는 「옷파쇼, 옷파쇼」라며 소리를 내기 시작하였다고 한다. 옷파쇼(オッパショ)는 「업어 줘!」라는 의미다. 어느 날, 힘이 센 장사 한 명이 그 묘비를 업었다. 처음에는 가볍게 업었지만, 점점 무거워져 그 묘비를 업을 수 없게 되자 그만 떨어트려 버렸다. 떨어진 묘비는 두 쪽으로 쪼개졌고, 그 후로는 소리를 내지 않게 되었다고 한다.

코소코소이와(こそこそ岩)

옛날 오카야마(岡山)현에는 코소코소이와(こそこそ岩)라 불리는 바위가 있었다. 폭 1.5m 정도의 바위인데, 밤중에 그 앞을 지나가면 「콩콩」하는 소리가 들려왔기 때문에, 돌의 정령이 살고 있다고 여겨졌다. 그 외에도 소리를 내는 바위 이야기는 일본 전국에 있다. 나라(奈良)현에서는 「탁탁」소리를 내는 「코토코토지조우(ことこと地蔵)」의 이야기가 전해지고, 니가타(新潟)현에 있는 커다란 바위 「모노이와(物岩)」는 사람의 말을 하여 어떤 한 사람의 목숨을 구했다는 이야기가 전해진다.

코다마
(木靈)

나무의 영혼으로, 특별한 나무에만 깃들어 있다. 겉보기에는 보통의 커다란 나무와 다르지 않지만, 코다마(木靈)가 깃든 나무를 베어 쓰러트리거나 시들어버리게 하면, 그 사람뿐 아니라 주변 사람 모두에게 재난이 덮쳐온다. 하치조(八丈)섬의 깊은 산속에 코다마가 깃든 나무가 있는데, 그 나무의 나이는 상상도 못할 만큼 많다고 한다.

사에즈리이시(囀り石)

군마(群馬)현 아가츠마(吾妻)군 나카노조(中之条)마을의 밭에, 사에즈리이시(囀り石)라 불리는 돌이 있다. 부모의 복수를 위해 이곳을 찾은 남자는 노숙할 장소로 사에즈리이시를 골랐다. 한밤중에 남자는 누군가의 목소리를 듣고 눈을 떴다. 귀 기울여 들어보니 목소리는 돌 속에서부터 들렸고, 그 내용에는 자신이 찾고 있는 원수가 어디 있는지에 관한 이야기도 있었다. 다음 날, 남자는 사에즈리이시가 알려준 곳에 가서 원수를 갚을 수 있었다고 한다.

쥬봇코(樹木子)

쥬봇코(樹木子)는 사람의 피를 대량으로 빨아 마시고 요괴로 변한 나
무다. 피를 양분으로 먹고 자랐기 때문에, 언제나 피에 굶주려 있다.
그 때문에 나무 아래를 지나가는 사람이 있으면, 나뭇가지를 팔처럼
뻗어 붙잡고는 피를 빨아 죽인다고 한다. 옛 전쟁터였던 장소에는 이
처럼 사람의 피를 빠는 쥬봇코가 있다고 여겨져 왔다.

쇼우료우카제(精靈風)

나가사키(長崎)현 고토(五島) 지방에서, 8월16일 오봉(お盆, 조상의 영혼을 맞이하고 대접하는 일본의 명절 - 역주) 마지막 날 아침에 불어오는 마풍(魔風, 악마가 일으키는 바람 - 역주)이다. 이 바람을 쐬면 병에 걸리거나, 정신을 잃고 쓰러진다는 이야기도 전해진다. 그래서 이날은 묘지에 가지 않는다고 한다. 제사를 받지 못하고 방황하는 망령이, 바람으로 변해 거세게 부는 것으로 여겨지고 있다.

진멘쥬(人面樹)

진멘쥬(人面樹)는 깊은 산골짜기에 있는데, 그 꽃은 사람의 얼굴처럼 생겼고, 계속 말없이 「히죽히죽」 웃고 있다. 하지만 너무 많이 웃으면 꽃이 떨어진다고 한다. 이 나무는 열매는 「진멘시(人面子)」라고 부르며 매년 가을에 익는다고 한다. 먹으면 새콤달콤한 맛이 난다고 하지만, 씨의 양면에 눈, 코, 입처럼 생긴 것이 붙어 있어서 먹으려는 사람이 거의 없다.

탄코로린
(タンコロリン)

감 열매를 따지 않고 놔두면, 감나무는 탄코로린(タンコロリン)이라는 요괴로 변하여 떠돌아다닌다고 한다. 옛날, 센다이(仙台)시 미야기노(宮城野)구에 5~6그루의 감나무가 자란 집이 있었다. 그 집에는 노인만 살고 있어서 감 열매를 따지 못하고 내버려 두었는데, 어느 날, 대머리

난쟈몬쟈(ナンジャモンジャ)

일반적으로 난쟈몬쟈(ナンジャモンジャ)는 「이팝나무」의 별칭이지만, 정체불명의 나무를 「난쟈몬쟈」라 부르기도 한다. 그렇기 때문에 이 요괴에 대해 알려진 것은 거의 없다. 옛날에 칸토(関東) 지역의 토네 (利根)강에 어떤 절의 종이 가라앉아 버렸다. 이후 배를 타고 그 주변을 가면 괴이한 일이 일어났는데, 특히 종이 가라앉은 강위를 지나가면 배가 전복해 버렸다고 한다. 그리고 배가 가라앉아 가는 동안에 종소리가 울려 퍼지며 그 소리에 맞춰 난쟈몬쟈가 구슬픈 노래를 불렀다고 전해진다.

야로카미즈(遣ろか水)

큰비가 계속 내리고 있을 때에 강의 상류에서 「해볼까? 해볼까?」라는
소리가 계속 들렸다. 기분 나쁜 소리에 다들 못들은 척했지만, 어떤
한 명이 「올 테면, 와봐라!」라고 소리쳤다. 그러자 강물이 점점 불어
나며, 주변이 금세 물에 잠겨버렸다. 이것은 야로카미즈(遣ろか水)의
짓으로, 아이치(愛知)현과 기후(岐阜)현에 걸쳐 흐르는 키소(木曽)강 지
역에서 전해지는 이야기다.

요우카이만넨다케(妖怪万年竹)

겉으로 보이는 모습은 보통의 대나무와 다르지 않지만 몹시 위험한 요괴이다. 지진이 일어났을 때, 대나무 숲으로 도망가는 것이 안전하다고 말하지만, 그곳에 요우카이만넨다케(妖怪万年竹, '만년 묵은 요괴 대나무'란 뜻이다 - 역주)가 있으면 큰일이다. 대나무 숲에 들어온 사람을 헤매게 하며, 가지 같은 손을 뻗어서 생기를 빨아들이기 때문이다. 그렇지만 요우카이만넨다케의 가지를 꺾으면 위험을 피할 수 있다고 한다.

요괴 대도감

초판 1쇄 인쇄 2021년 09월 10일
초판 2쇄 발행 2023년 09월 10일

저자 : 미즈키 시게루
번역 : 김건

펴낸이 : 이동섭
편집 : 이민규
디자인 : 조세연
영업 · 마케팅 : 송정환, 조정훈
e-BOOK : 홍인표, 최정수, 서찬웅, 김은혜, 정희철
관리 : 이윤미

㈜에이케이커뮤니케이션즈
등록 1996년 7월 9일(제302-1996-00026호)
주소 : 04002 서울 마포구 동교로 17안길 28, 2층
TEL : 02-702-7963~5 FAX : 02-702-7988
http://www.amusementkorea.co.kr

ISBN 979-11-274-4701-4 03910

Youkai Visual Daizukan
©Mizuki Production 2018
All rights reserved.
Original Japanese edition published by KODANSHA LTD.
Korean publishing rights arranged with KODANSHA LTD.

-AK TRIVIA BOOK

No. 01 도해 근접무기

오나미 아츠시 지음 | 이창협 옮김 | 228쪽 | 13,000원

근접무기, 서브 컬처적 지식을 고찰하다!
검, 도끼, 창, 곤봉, 활 등 현대적인 무기가 등장하기 전에 사용되던 냉병기에 대한 개설서. 각 무기의 형상과 기능, 유형부터 사용 방법은 물론 서브컬처의 세계에서 어떤 모습으로 그려지는가에 대해서도 상세히 해설하고 있다.

No. 02 도해 크툴루 신화

모리세 료지음 | AK커뮤니케이션즈 편집부 옮김 | 240쪽 | 13,000원

우주적 공포, 현대의 신화를 파헤치다!
현대 환상 문학의 거장 H.P 러브크래프트의 손에 의해 창조된 암흑 신화인 크툴루 신화. 111가지의 키워드를 선정, 각종 도해와 일러스트를 통해 크툴루 신화의 과거와 현재를 해설한다.

No. 03 도해 메이드

이케가미 료타 지음 | 코트랜스 인터내셔널 옮김 | 238쪽 | 13,000원

메이드의 모든 것을 이 한 권에!
메이드에 대한 궁금증을 확실하게 해결해주는 책. 영국, 특히 빅토리아 시대의 사회를 중심으로, 실존했던 메이드의 삶을 보여주는 가이드북.

No. 04 도해 연금술

쿠사노 타쿠미 지음 | 코트랜스 인터내셔널 옮김 | 220쪽 | 13,000원

기적의 학문, 연금술을 짚어보다!
연금술사들의 발자취를 따라, 연금술에 대해 자세하게 알아보는 책. 연금술에 대한 풍부한 지식을 쉽고 간결하게 정리하여, 체계적으로 해설하며, '진리'를 위해 모든 것을 바친 이들의 기록이 담겨있다.

No. 05 도해 핸드웨폰

오나미 아츠시 지음 | 이창협 옮김 | 228쪽 | 13,000원

모든 개인화기를 총망라!
권총, 기관총, 어설트 라이플, 머신건 등, 개인 화기를 지칭하는 다양한 명칭들은 대체 무엇을 기준으로 하며 어떻게 붙여진 것일까? 개인 화기의 모든 것을 기초부터 해설한다.

No. 06 도해 전국무장

이케가미 료타 지음 | 이재경 옮김 | 256쪽 | 13,000원

전국시대를 더욱 재미있게 즐겨보자!
소설이나 만화, 게임 등을 통해 많이 접할 수 있는 일본 전국시대에 대한 입문서. 무장들의 활약상, 전국시대의 일상과 생활까지 상세히 서술. 전국시대에 쉽게 접근할 수 있도록 구성했다.

No. 07 도해 전투기

가와노 요시유키 지음 | 문우성 옮김 | 264쪽 | 13,000원

빠르고 강력한 병기, 전투기의 모든 것!
현대전의 정점인 전투기. 역사와 로망 속의 전투기에서 최신예 스텔스 전투기에 이르기까지, 인류의 전쟁사를 바꾸어놓은 전투기에 대하여 상세히 소개한다.

No. 08 도해 특수경찰

모리 모토사다 지음 | 이재경 옮김 | 220쪽 | 13,000원

실제 SWAT 교관 출신의 저자가 특수경찰의 모든 것을 소개!
특수경찰의 훈련부터 범죄 대처법, 최첨단 수사 시스템, 기밀 작전의 아슬아슬한 부분까지 특수경찰을 저자의 풍부한 지식으로 폭넓게 소개한다.

No. 09 도해 전차

오나미 아츠시 지음 | 문우성 옮김 | 232쪽 | 13,000원

지상전의 왕자, 전차의 모든 것!
지상전의 지배자이자 절대 강자 전차를 소개한다. 전차의 힘과 이를 이용한 다양한 전술, 그리고 그 독특한 모습까지. 알기 쉬운 해설과 상세한 일러스트로 전차의 매력을 전달한다.

No. 10 도해 헤비암즈

오나미 아츠시 지음 | 이재경 옮김 | 232쪽 | 13,000원

전장을 압도하는 강력한 화기, 총집합!
전장의 주역, 보병들의 든든한 버팀목인 강력한 화기를 소개한 책. 대구경 기관총부터 유탄 발사기, 무반동총, 대전차 로켓 등, 압도적인 화력으로 전장을 지배하는 화기에 대하여 알아보자!

No. 11 도해 밀리터리 아이템
오나미 아츠시 지음 | 이재경 옮김 | 236쪽 | 13,000원
군대에서 쓰이는 군장 용품을 완벽 해설!
이제 밀리터리 세계에 발을 들이는 입문자들을 위해 '군장 용품'에 대해 최대한 알기 쉽게 다루는 책. 세부적인 사항에 얽매이지 않고, 상식적으로 갖추어야 할 기초지식을 중심으로 구성되어 있다.

No. 12 도해 악마학
쿠사노 타쿠미 지음 | 김문광 옮김 | 240쪽 | 13,000원
악마에 대한 모든 것을 담은 총집서!
악마학의 시작부터 현재까지의 그 연구 및 발전 과정을 한눈에 알아볼 수 있도록 구성한 책. 단순한 흥미를 뛰어넘어 영적이고 종교적인 지식의 깊이까지 더할 수 있는 내용으로 구성.

No. 13 도해 북유럽 신화
이케가미 료타 지음 | 김문광 옮김 | 228쪽 | 13,000원
세계의 탄생부터 라그나로크까지!
북유럽 신화의 세계관, 등장인물, 여러 신과 영웅들이 사용한 도구 및 마법에 대한 설명까지 당시 북유럽 국가들의 생활상을 통해 북유럽 신화에 대한 이해도를 높일 수 있도록 심층적으로 해설한다.

No. 14 도해 군함
다카하라 나루미 외 1인 지음 | 문우성 옮김 | 224쪽 | 13,000원
20세기의 전함부터 항모, 전략 원잠까지!
군함에 대한 입문서. 종류와 개발사, 구조, 제원 등의 기본부터, 승무원의 일상, 정비 비용까지 어렵게 여겨질 만한 요소를 도표와 일러스트로 쉽게 해설한다.

No. 15 도해 제3제국
모리세 료 외 1인 지음 | 문우성 옮김 | 252쪽 | 13,000원
나치스 독일 제3제국의 역사를 파헤친다!
아돌프 히틀러 통치하의 독일 제3제국에 대한 개론서. 나치스가 권력을 장악한 과정부터 조직 구조, 조직을 이끈 핵심 인물과 상호 관계와 갈등, 대립 등, 제3제국의 역사에 대해 해설한다.

No. 16 도해 근대마술
하니 레이 지음 | AK커뮤니케이션즈 편집부 옮김 | 244쪽 | 13,000원
현대 마술의 개념과 원리를 철저 해부!
마술의 종류와 개념, 이름을 남긴 마술사와 마술 단체, 마술에 쓰이는 도구 등을 설명한다. 겉핥기식의 설명이 아닌, 역사와 각종 매체 속에서 마술이 어떤 영향을 주었는지 심층적으로 해설하고 있다.

No. 17 도해 우주선
모리세 료 외 1인 지음 | 이재경 옮김 | 240쪽 | 13,000원
우주를 꿈꾸는 사람들을 위한 추천서!
우주공간의 과학적인 설명은 물론, 우주선의 태동에서 발전의 역사, 재질, 발사와 비행의 원리 등, 어떤 원리로 날아다니고 착륙할 수 있는지, 자세한 도표와 일러스트를 통해 해설한다.

No. 18 도해 고대병기
미즈노 히로키 지음 | 이재경 옮김 | 224쪽 | 13,000원
역사 속의 고대병기, 집중 조명!
지혜와 과학의 결정체, 병기. 그중에서도 고대의 병기를 집중적으로 조명, 단순한 병기의 나열이 아닌, 각 병기의 탄생 배경과 활약상, 계보, 작동 원리 등을 상세하게 다루고 있다.

No. 19 도해 UFO
사쿠라이 신타로 지음 | 서형주 옮김 | 224쪽 | 13,000원
UFO에 관한 모든 지식과, 그 허와 실.
첫 번째 공식 UFO 목격 사건부터 현재까지, 세계를 떠들썩하게 만든 모든 UFO 사건을 다룬다. 수많은 미스터리는 물론, 종류, 비행 패턴 등 UFO에 관한 모든 지식들을 알기 쉽게 정리했다.

No. 20 도해 식문화의 역사
다카하라 나루미 지음 | 채다인 옮김 | 244쪽 | 13,000원
유럽 식문화의 변천사를 조명한다!
중세 유럽을 중심으로, 음식문화의 변화를 설명한다. 최초의 조리 역사부터 식재료, 예절, 지역별 선호메뉴까지, 시대상황과 분위기, 사람들의 인식이 어떠한 영향을 끼쳤는지 흥미로운 사실을 다룬다.

No. 21 도해 문장
신노 케이 지음 | 기미정 옮김 | 224쪽 | 13,000원
역사와 문화의 시대적 상징물, 문장!
기나긴 역사 속에서 문장이 어떻게 만들어졌고, 어떤 도안들이 이용되었는지, 발전 과정과 유럽 역사 속 위인들의 문장이나 특징적인 문장의 인물에 대해 설명한다.

No. 22 도해 게임이론
와타나베 타카히로 지음 | 기미정 옮김 | 232쪽 | 13,000원
이론과 실용 지식을 동시에!
죄수의 딜레마, 도덕적 해이, 제로섬 게임 등 다양한 사례 분석과 알기 쉬운 해설을 통해, 누구나가 쉽고 직관적으로 게임이론을 이해하고 현실에 적용할 수 있도록 도와주는 최고의 입문서.

No. 23 도해 단위의 사전

호시다 타다히코 지음 | 문우성 옮김 | 208쪽 | 13,000원

세계를 바라보고, 규정하는 기준이 되는 단위를 풀어보자!

전 세계에서 사용되는 108개 단위의 역사와 사용 방법 등을 해설하는 본격 단위 사전. 정의와 기준, 유래, 측정 대상 등을 명쾌하게 해설한다.

No. 24 도해 켈트 신화

이케가미 료타 지음 | 곽형준 옮김 | 264쪽 | 13,000원

쿠 훌린과 핀 막 쿨의 세계!

켈트 신화의 세계관, 각 설화와 전설의 주요 등장인물들! 이야기에 따라 내용뿐만 아니라 등장인물까지 뒤바뀌는 경우도 있는데, 그런 특별한 사항까지 다루어, 신화의 읽는 재미를 더한다.

No. 25 도해 항공모함

노가미 아키토 외 1인 지음 | 오광웅 옮김 | 240쪽 | 13,000원

군사기술의 결정체, 항공모함 철저 해부!

군사력의 상징이던 거대 전함을 과거의 유물로 전락시킨 항공모함. 각 국가별 발달의 역사와 임무, 영향력에 대한 광범위한 자료를 한눈에 파악할 수 있다.

No. 26 도해 위스키

츠치야 마모루 지음 | 기미정 옮김 | 192쪽 | 13,000원

위스키, 이제는 제대로 알고 마시자!

다양한 음용법과 글라스의 차이, 바 또는 집에서 분위기 있게 마실 수 있는 방법까지. 위스키의 맛을 한층 돋아주는 필수 지식이 가득. 세계적인 위스키 평론가가 전하는 입문서의 결정판.

No. 27 도해 특수부대

오나미 아츠시 지음 | 오광웅 옮김 | 232쪽 | 13,000원

불가능이란 없다! 전장의 스페셜리스트!

특수부대의 탄생 배경, 종류, 규모, 각종 임무. 그들만의 특수한 장비, 어떠한 상황에서도 살아남기 위한 생존 기술까지 모든 것을 보여주는 책. 왜 그들이 스페셜리스트인지 알게 될 것이다.

No. 28 도해 서양화

다나카 쿠미코 지음 | 김상호 옮김 | 160쪽 | 13,000원

서양화의 변천사와 포인트를 한눈에!

르네상스부터 근대까지, 시대를 넘어 사랑받는 명작 84점을 수록. 각 작품들의 배경과 특징, 그림에 담겨있는 비유적 의미와 기법 등, 감상 포인트를 명쾌하게 해설하였으며, 더욱 깊은 이해를 위한 역사와 종교 관련 지식까지 담겨있다

No. 29 도해 갑자기 그림을 잘 그리게 되는 법

나카야마 시게노부지음 | 이연희 옮김 | 204쪽 | 13,000원

멋진 일러스트의 초간단 스킬 공개!

투시도와 원근법만으로, 멋지고 입체적인 일러스트를 그릴 수 있는 방법! 그림에 대한 재능이 없다 생각 말고 읽어보자. 그림이 극적으로 바뀔 것이다.

No. 30 도해 사케

키미지마 사토시 지음 | 기미정 옮김 | 208쪽 | 13,000원

사케를 더욱 즐겁게 마셔 보자!

선택 법, 온도, 명칭, 안주와의 궁합, 분위기 있게 마시는 법 등, 사케의 맛을 한층 더 즐길 수 있는 모든 지식이 담겨있다. 일본 요리의 거장이 전해주는 사케 입문서의 결정판.

No. 31 도해 흑마술

쿠사노 타쿠미 지음 | 곽형준 옮김 | 224쪽 | 13,000원

역사 속에 실존했던 흑마술을 총망라!

악령의 힘을 빌려 행하는 사악한 흑마술을 총망라한 책. 흑마술의 정의와 발전, 기본 법칙을 상세히 설명한다. 또한 여러 국가에서 행해졌던 흑마술 사건들과 관련 인물들을 소개한다.

No. 32 도해 현대 지상전

모리 모토사다 지음 | 정은택 옮김 | 220쪽 | 13,000원

아프간 이라크! 현대 지상전의 모든 것!!

저자가 직접, 실제 전장에서 활동하는 군인은 물론 민간 군사기업 관계자들과도 폭넓게 교류하면서 얻은 정보들을 아낌없이 공개한 책. 현대전에 투입되는 지상전의 모든 것을 해설한다.

No. 33 도해 건파이트

오나미 아츠시 지음 | 송명규 옮김 | 232쪽 | 13,000원

총격전에서 일어나는 상황을 파헤친다!

영화, 소설, 애니메이션 등에서 볼 수 있는 총격전. 그 장면들은 진짜일까? 실전에서는 총기를 어떻게 다루고, 어디에 몸을 숨겨야 할까. 자동차 추격전에서의 대처법 등 건 액션의 핵심 지식.

No. 34 도해 마술의 역사

쿠사노 타쿠미 지음 | 김진아 옮김 | 224쪽 | 13,000원

마술의 탄생과 발전 과정을 알아보자!

고대에서 현대에 이르기까지 마술은 문화의 발전과 함께 널리 퍼져나갔으며, 다른 마술과 접촉하면서 그 깊이를 더해왔다. 마술의 발생시기와 장소, 변모 등 역사와 개요를 상세히 소개한다.

No. 35 도해 군용 차량

노가미 아키토 지음 | 오광웅 옮김 | 228쪽 | 13,000원

지상의 왕자, 전차부터 현대의 바퀴달린 사역 마까지!!

전투의 핵심인 전투 차량부터 눈에 띄지 않는 무대에서 묵묵히 임무를 다하는 각종 지원 차량까지. 각자 맡은 임무에 충실하도록 설계되고 고안된 군용 차량만의 다채로운 세계를 소개한다.

No. 36 도해 첩보·정찰 장비

사카모토 아키라 지음 | 문성호 옮김 | 228쪽 | 13,000원

승리의 열쇠 정보! 정보전의 모든 것!

소음총, 소형 폭탄, 소형 카메라 및 통신기 등 영화에서나 등장할 법한 첩보원들의 특수 장비부터 정찰 위성에 이르기까지 첩보 및 정찰 장비들을 400점의 사진과 일러스트로 설명한다.

No. 37 도해 세계의 잠수함

사카모토 아키라 지음 | 류재학 옮김 | 242쪽 | 13,000원

바다를 지배하는 침묵의 자객, 잠수함.

잠수함은 두 번의 세계대전과 냉전기를 거쳐, 최첨단 기술로 최신 무장시스템을 갖추어왔다. 원리와 구조, 승조원의 훈련과 임무, 생활과 전투 방법 등을 사진과 일러스트로 철저히 해부한다.

No. 38 도해 무녀

토키타 유스케 지음 | 송명규 옮김 | 236쪽 | 13,000원

무녀와 샤머니즘에 관한 모든 것!

무녀의 기원부터 시작하여 일본의 신사에서 치르고 있는 각종 의식, 그리고 델포이의 무녀, 한국의 무당을 비롯한 세계의 샤머니즘과 각종 종교를 106가지의 소주제로 분류하여 해설한다!

No. 39 도해 세계의 미사일 로켓 병기

사카모토 아키라 | 유병준·김성훈 옮김 | 240쪽 | 13,000원

ICBM부터 THAAD까지!

현대전의 진정한 주역이라 할 수 있는 미사일. 보병이 휴대하는 대전차 로켓부터 공대공 미사일, 대륙간 탄도탄, 그리고 근래 들어 언론의 주목을 받고 있는 ICBM과 THAAD까지 미사일의 모든 것을 해설한다!

No. 40 독과 약의 세계사

후나야마 신지 지음 | 진정숙 옮김 | 292쪽 | 13,000원

독과 약의 차이란 무엇인가?

화학물질을 어떻게 하면 유용하게 활용할 수 있는가 하는 것은 인류에 있어 중요한 과제 가운데 하나라 할 수 있다. 독과 약의 역사, 그리고 우리 생활과의 관계에 대하여 살펴보도록 하자.

No. 41 영국 메이드의 일상

무라카미 리코 지음 | 조아라 옮김 | 460쪽 | 13,000원

빅토리아 시대의 아이콘 메이드!

가사 노동자이며 직장 여성의 최대 다수를 차지했던 메이드의 일과 생활을 통해 영국의 다른 면을 살펴본다. 『엠마 빅토리안 가이드』의 저자 무라카미 리코의 빅토리안 시대 안내서.

No. 42 영국 집사의 일상

무라카미 리코 지음 | 기미정 옮김 | 292쪽 | 13,000원

집사, 남성 가사 사용인의 모든 것!

Butler, 즉 집사로 대표되는 남성 상급 사용인. 그들은 어떠한 일을 했으며 어떤 식으로 하루를 보냈을까? 『엠마 빅토리안 가이드』의 저자 무라카미 리코의 빅토리안 시대 안내서 제2탄.

No. 43 중세 유럽의 생활

가와하라 아쓰시 외 1인 지음 | 남지연 옮김 | 260쪽 | 13,000원

새롭게 조명하는 중세 유럽 생활사

철저히 분류되는 중세의 신분. 그 중 「일하는 자」의 일상생활은 어떤 것이었을까? 각종 도판과 사료를 통해, 중세 유럽에 대해 알아보자.

No. 44 세계의 군복

사카모토 아키라 지음 | 진정숙 옮김 | 130쪽 | 13,000원

세계 각국 군복의 어제와 오늘!

형태와 공능미가 절묘하게 융합된 의복인 군복. 제2차 세계대전에서 현대에 이르기까지, 각국의 전투복과 정복 그리고 각종 장구류와 계급장, 훈장 등, 군복만의 독특한 매력을 느껴보자!

No. 45 세계의 보병장비

사카모토 아키라 지음 | 이상언 옮김 | 234쪽 | 13,000원

현대 보병장비의 모든 것!

군에 있어 가장 기본이 되는 보병! 개인화기, 전투복, 군장, 전투식량, 그리고 미래의 장비까지. 제2차 세계대전 이후 눈부시게 발전한 보병 장비와 현대전에 있어 보병이 지닌 의미에 대하여 살펴보자.

No. 46 해적의 세계사

모모이 지로 지음 | 김효진 옮김 | 280쪽 | 13,000원

「영웅」인가, 「공적」인가?

지중해, 대서양, 카리브해, 인도양에서 활동했던 해적을 중심으로, 영웅이자 약탈자, 정복자, 야심가 등 여러 시대에 걸쳐 등장했던 다양한 해적들이 세계사에 남긴 발자취를 더듬어본다.

No. 47 닌자의 세계
야마키타 아츠시 지음 │ 송명규 옮김 │ 232쪽 │ 13,000원
실제 닌자의 활약을 살펴본다!
어떠한 임무라도 완수할 수 있도록 닌자는 온갖 지혜를 짜내며 궁극의 도구와 인술을 만들어냈다. 과연 닌자는 역사 속에서 어떤 활약을 펼쳤을까.

No. 53 마도서의 세계
쿠사노 타쿠미 지음 │ 남지연 옮김 │ 236쪽 │ 15,000원
마도서의 기원과 비밀!
천사와 악마 같은 영혼을 소환하여 자신의 소망을 이루는 마도서의 원리를 설명한다.

No. 48 스나이퍼
오나미 아츠시 지음 │ 이상언 옮김 │ 240쪽 │ 13,000원
스나이퍼의 다양한 장비와 고도의 테크닉!
아군의 절체절명 위기에서 한 끗 차이의 절묘한 타이밍으로 전세를 역전시키기도 하는 스나이퍼의 세계를 알아본다.

No. 54 영국의 주택
야마다 카요코 외 지음 │ 문성호 옮김 │ 252쪽 │ 17,000원
영국인에게 집은 「물건」이 아니라 「문화」다!
영국 지역에 따른 집들의 외관 특징, 건축 양식, 재료 특성, 각종 주택 스타일을 상세하게 설명한다.

No. 49 중세 유럽의 문화
이케가미 쇼타 지음 │ 이은수 옮김 │ 256쪽 │ 13,000원
심오하고 매력적인 중세의 세계!
기사, 사제와 수도사, 음유시인에 숙녀, 그리고 농민과 상인과 기술자들. 중세 배경의 판타지 세계에서 자주 보았던 그들의 리얼한 생활을 풍부한 일러스트와 표로 이해한다!

No. 55 발효
고이즈미 다케오 지음 │ 장현주 옮김 │ 224쪽 │ 15,000원
미세한 거인들의 경이로운 세계!
세계 각지 발효 문화의 놀라운 신비와 의의를 살펴본다. 발효를 발전시켜온 인간의 깊은 지혜와 훌륭한 발상이 보일 것이다.

No. 50 기사의 세계
이케가미 슌이치 지음 │ 남지연 옮김 │ 232 쪽 │ 15,000 원
중세 유럽 사회의 주역이었던 기사!
기사들은 과연 무엇을 위해 검을 들었는가, 지향하는 목표는 무엇이었는가. 기사의 탄생에서 몰락까지, 역사의 드라마를 따라가며 그 진짜 모습을 파헤친다.

No. 56 중세 유럽의 레시피
코스트마리 사무국 쿠호카 지음 │ 김효진 옮김 │ 164쪽 │ 15,000원
간단하게 중세 요리를 재현!
당시 주로 쓰였던 향신료, 허브 등 중세 요리에 대한 풍부한 지식은 물론 더욱 맛있게 즐길 수 있는 요리법도 함께 소개한다.

No. 51 영국 사교계 가이드
무라카미 리코 지음 │ 문성호 옮김 │ 216쪽 │ 15,000원
19세기 영국 사교계의 생생한 모습!
당시에 많이 출간되었던 「에티켓 북」의 기술을 바탕으로, 빅토리아 시대 중류 여성들의 사교 생활을 알아보며 그 속마음까지 들여다본다.

No. 57 알기 쉬운 인도 신화
천축 기담 지음 │ 김진희 옮김 │ 228 쪽 │ 15,000 원
전쟁과 사랑 속의 인도 신들!
강렬한 개성이 충돌하는 무아와 혼돈의 이야기를 담았다. 2대 서사시 「라마야나」와 「마하바라타」의 세계관부터 신들의 특징과 일화에 이르는 모든 것을 파악한다.

No. 52 중세 유럽의 성채 도시
가이하쓰샤 지음 │ 김진희 옮김 │ 232 쪽 │ 15,000 원
견고한 성벽으로 도시를 둘러싼 성채 도시!
성채 도시는 시대의 흐름에 따라 문화, 상업, 군사 면에서 진화를 거듭한다. 궁극적인 기능미의 집약체였던 성채 도시의 주민 생활상부터 공성전 무기, 전술까지 상세하게 알아본다.

No. 58 방어구의 역사
다카히라 나루미 지음 │ 남지연 옮김 │ 244 쪽 │ 15,000원
역사에 남은 다양한 방어구!
기원전 문명의 아이템부터 현대의 방어구인 헬멧과 방탄복까지 그 역사적 변천과 특색 · 재질 · 기능을 망라하였다.

No. 59 마녀 사냥
모리시마 쓰네오 지음 | 김진희 옮김 | 244쪽 | 15,000원
중세 유럽의 잔혹사!
15~17세기 르네상스 시대에 서구 그리스
도교 국가에서 휘몰아친 '마녀사냥'의 광
풍. 중세 마녀사냥의 실상을 생생하게 드러낸다.

No. 60 노예선의 세계사
후루가와 마사히로 지음 | 김효진 옮김 | 256쪽 | 15,000원
400년 남짓 대서양에서 자행된 노예무역!
1000만 명에 이르는 희생자를 낸 노예무
역. '이동 감옥'이나 다름없는 노예선 바닥
에서 다시 한 번 근대를 돌이켜본다.

No. 61 말의 세계사
모토무라 료지 지음 | 김효진 옮김 | 288쪽 | 15,000원
역사로 보는 인간과 말의 관계!
인간과 말의 만남은 역사상 최대급의 충격
이었다고 해도 과언이 아니다. 전쟁, 교역,
세계 제국…등의 역사 속에서, 말이 세계
사를 어떻게 바꾸었는지 조명해본다.

No. 62 달은 대단하다
사이키 가즈토 지음 | 김효진 옮김 | 228쪽 | 15,000원
우주를 향한 인류의 대항해 시대!
달 탐사 프로젝트의 최전선에 종사하는 저
자가 달 탐사 규모와 경과 등의 기초 지식,
탐사를 통해 확인된 지하 공간과 같은 새로
운 발견에 대해 자세히 해설한다.

No. 63 바다의 패권 400년사
다케다 이사미 지음 | 김진희 옮김 | 312쪽 | 15,000원
바다를 제패하는 자가 패권을 잡는다!
세계 항로가 확대된 15세기를 되돌아보고,
17세기에 시작된 해양 패권 다툼의 역사를
지정학적 관점에서 흥미롭게 살펴본다.

No. 64 영국 빅토리아 시대의 라이프 스타일
Cha Tea 홍차 교실 지음 | 문성호 옮김 | 308쪽 | 17,000원
이상적인 영국풍 라이프 스타일!
영국 빅토리아 시대 중산계급 여성들의 생
활을. 당시 가정 운영의 입문서로서 폭발적인 베스트셀
러였던 『비튼의 가정서』를 바탕으로 따라가본다.

-AK TRIVIA SPECIAL

환상 네이밍 사전
신키겐샤 편집부 지음 | 유진원 옮김 | 288쪽 | 14,800원

의미 없는 네이밍은 이제 그만!
운명은 프랑스어로 무엇이라고 할까? 독일어,
일본어로는? 중국어로는? 더 나아가 이탈리아
어, 러시아어, 그리스어, 라틴어, 아랍어에 이르
기까지 1,200개 이상의 표제어와 11개국어, 13,000개 이
상의 단어를 수록!!

중2병 대사전
노무라 마사타카 지음 | 이재경 옮김 | 200쪽 | 14,800원

이 책을 보는 순간, 당신은 이미 궁금해하고 있다!
사춘기 청소년이 행동할 법한, 손발이 오그라드
는 행동이나 사고를 뜻하는 중2병. 서브컬처 작
품에 자주 등장하는 중2병의 의미와 기원 등, 102개의 항목
에 대해 해설과 칼럼을 곁들여 알기 쉽게 설명 한다.

크툴루 신화 대사전
고토 카츠 외 1인 지음 | 곽형준 옮김 | 192쪽 | 13,000원

신화의 또 다른 매력, 무한한 가능성!
H.P. 러브크래프트를 중심으로 여러 작가들의
설정이 거대한 세계관으로 자리잡은 크툴루 신
화. 현대 서브 컬처에 지대한 영향을 끼치고 있다. 대중 문화
속에 알게 모르게 자리 잡은 크툴루 신화의 요소를 설명하는
본격 해설서.

문양박물관
H. 돌메치 지음 | 이지은 옮김 | 160쪽 | 8,000원

세계 문양과 장식의 정수를 담다!
19세기 독일에서 출간된 H.돌메치의 『장식의
보고』를 바탕으로 제작된 책이다. 세계 각지의
문양 장식을 소개한 이 책은 이론보다 실용에
초점을 맞춘 입문서. 화려하고 아름다운 전 세계의 문양을 수
록한 실용적인 자료집으로 손꼽힌다.

고대 로마군 무기·방어구·전술 대전
노무라 마사타카 외 3인 지음 | 기미정 옮김 | 224쪽 | 13,000원

위대한 정복자, 고대 로마군의 모든 것!
부대의 편성부터 전술, 장비 등. 고대 최강의 군
대라 할 수 있는 로마군이 어떤 집단이었는지를
상세하게 분석하는 해설서. 압도적인 군사력으로 세계를 석
권한 로마 제국. 그 힘의 전모를 철저하게 검증한다.

도감 무기 갑옷 투구
이치카와 사다하루 외 3인 지음 | 남지연 옮김 | 448쪽 | 29,000원

역사를 망라한 궁극의 군장도감!
고대로부터 무기는 당시 최신 기술의 정수와 함
께 철학과 문화, 신념이 어우러져 완성되었다.
이 책은 그러한 무기들의 기능, 원리, 목적 등과 더불어 그 기
원과 발전 양상 등을 그림과 표를 통해 알기 쉽게 설명하고
있다. 역사상 실재한 무기와 갑옷, 투구들을 동시적으로 살펴
보자!

중세 유럽의 무술, 속 중세 유럽의 무술
오사다 류타 지음 | 남유리 옮김 |
각 권 672쪽~624쪽 | 각 권 29,000원

본격 중세 유럽 무술 소개서!
막연하게만 떠오르는 중세 유럽~르네상스 시
대에 활약했던 검술과 격투술의 모든 것을 담은
책. 영화 등에서만 접할 수 있었던 유럽 중세시
대 무술의 기본이념과 자세, 방어, 보법부터, 시
대를 풍미한 각종 무술까지, 일러스트를 통해
알기 쉽게 설명한다.

최신 군용 총기 사전
토코이 마사미 지음 | 오광웅 옮김 | 564쪽 | 45,000원

세계 각국의 현용 군용 총기를 총망라!
주로 군용으로 개발되었거나 군대 또는 경찰의
대테러부대처럼 중무장한 조직에 배치되어 사
용되고 있는 소화기가 중점적으로 수록되어 있으며, 이외에
도 각 제조사에서 국제 군수시장에 수출할 목적으로 개발, 시
제품만이 소수 제작되었던 총기류도 함께 실려 있다.

초패미컴, 초초패미컴
타네 키오요 외 2인 지음 | 문성호 외 1인 옮김 |
각 권 360, 296쪽 | 각 14,800원

게임은 아직도 패미컴을 넘지 못했다!
패미컴 탄생 30주년을 기념하여, 1983년 「동
키콩」부터 시작하여, 1994년 「타카하시 명인
의 모험도 IV」까지 총 100여 개의 작품에 대한
리뷰를 담은 영구 소장판. 패미컴과 함께했던
아련한 추억을 간직하고 있는 모든 이들을 위한
책이다.

초쿠소게 1,2
타네 키오요 외 2인 지음 | 문성호 옮김 |
각 권 224, 300쪽 | 각 권 14,800원

망작 게임들의 숨겨진 매력을 재조명!
『쿠소게クソゲー』란 '똥-クソ'과 '게임-Game'의
합성어로, 어감 그대로 정말 못 만들고 재미없
는 게임을 지칭할 때 사용되는 조어이다. 우리
말로 바꾸면 망작 게임 정도가 될 것이다. 레트
로 게임에서부터 플레이스테이션3까지 게이머
들의 기대를 보란듯이 저버렸던 수많은 쿠소게
들을 총망라하였다.

초에로게, 초에로게 하드코어
타네 키오요 외 2인 지음 | 이은수 옮김 |
각 권 276쪽, 280쪽 | 각 권 14,800원

명작 18금 게임 총출동!
에로게란 '에로-エロ'와 '게임-Game'의 합성어
로, 말 그대로 성적인 표현이 담긴 게임을 지칭
한다. '에로게 헌터'라 자처하는 베테랑 저자들
의 엄격한 심사(?)를 통해 선정된 '명작 에로게'
들에 대한 본격 리뷰집!!

세계의 전투식량을 먹어보다
키쿠즈키 토시유키 지음 | 오광웅 옮김 | 144쪽 | 13,000원
전투식량에 관련된 궁금증을 한권으로 해결!
전투식량이 전장에서 자리를 잡아가는 과정과, 미국의 독립전쟁부터 시작하여 역사 속 여러 전쟁의 전투식량 배급 양상을 살펴보는 책. 식품부터 식기까지, 수많은 전쟁 속에서 전투식량이 어떠한 모습으로 등장하였고 병사들은 이를 어떻게 취식하였는지, 흥미진진한 역사를 소개하고 있다.

세계장식도 Ⅰ, Ⅱ
오귀스트 라시네 지음 | 이지은 옮김 | 각 권 160쪽 | 각 권 8,000원
공예 미술계 불후의 명작을 농축한 한 권!
19세기 프랑스에서 가장 유명한 디자이너였던 오귀스트 라시네의 대표 저서 『세계장식 도집성』에서 인상적인 부분을 뽑아내 콤팩트하게 정리한 다이제스트판. 공예 미술의 각 분야를 포괄하는 내용을 담은 책으로, 방대한 예시를 더욱 정교하게 소개한다.

서양 건축의 역사
사토 다쓰키 지음 | 조민경 옮김 | 264쪽 | 14,000원
서양 건축사의 결정판 가이드 북!
건축의 역사를 살펴보는 것은 당시 사람들의 의식을 들여다보는 것과도 같다. 이 책은 고대에서 중세, 르네상스기로 넘어오며 탄생한 다양한 양식들을 당시의 사회, 문화, 기후, 토질 등을 바탕으로 해설하고 있다.

세계의 건축
코우다 미노루 외 1인 지음 | 조민경 옮김 | 256쪽 | 14,000원
고품격 건축 일러스트 자료집!
시대를 망라하여, 건축물의 외관 및 내부의 장식을 정밀한 일러스트로 소개한다. 흔히 보이는 풍경이나 딱딱한 도시의 건축물이 아닌, 고풍스러운 건물들을 섬세하고 세밀한 선화로 표현하여 만화, 일러스트 자료에 최적화된 형태로 수록하고 있다.

지중해가 낳은 천재 건축가 -안토니오 가우디
이리에 마사유키 지음 | 김진아 옮김 | 232쪽 | 14,000원
천재 건축가 가우디의 인생, 그리고 작품
19세기 말~20세기 초의 카탈루냐 지역 및 그의 작품들이 지어진 바르셀로나의 지역사, 그리고 카사 바트요, 구엘 공원, 사그라다 파밀리아 성당 등의 작품들을 통해 안토니오 가우디의 생애를 본격적으로 살펴본다.

민족의상 1,2
오귀스트 라시네 지음 | 이지은 옮김 | 각 권 160쪽 | 각 8,000원
화려하고 기품 있는 색감!!
디자이너 오귀스트 라시네의 『복식사』 전 6권 중에서 민족의상을 다룬 부분을 바탕으로 제작되었다. 당대에 정점에 올랐던 석판 인쇄 기술로 완성되었기에, 시대가 흘렀음에도 그 세세하고 풍부하고 아름다운 색감이 주는 감동은 여전히 빛을 발한다.

중세 유럽의 복장
오귀스트 라시네 지음 | 이지은 옮김 | 160쪽 | 8,000원
고품격 유럽 민족의상 자료집!!
19세기 프랑스의 유명한 디자이너 오귀스트 라시네가 직접 당시의 민족의상을 그린 자료집. 유럽 각지에서 사람들이 실제로 입었던 민족의상의 모습을 그대로 풍부하게 수록하였다. 각 나라의 특색과 문화가 담겨있는 민족의상을 감상할 수 있다.

그림과 사진으로 풀어보는 이상한 나라의 앨리스
구와바라 시게오 지음 | 조민경 옮김 | 248쪽 | 14,000원
매혹적인 원더랜드의 논리를 완전 해설!
산업 혁명을 통한 눈부신 문명의 발전과 그 그늘. 도덕주의와 엄숙주의, 위선과 허영이 병존하던 빅토리아 시대는 『원더랜드』의 탄생과 그 배경으로 어떻게 작용했을까? 순진 무구한 소녀 앨리스가 우연히 발을 들인 기묘한 세상의 완전 가이드북!!

그림과 사진으로 풀어보는 알프스 소녀 하이디
지바 가오리 외 지음 | 남지연 옮김 | 224쪽 | 14,000원
하이디를 통해 살펴보는 19세기 유럽사!
『하이디』라는 작품을 통해 19세기 말의 스위스를 알아본다. 또한 원작자 슈피리의 생애를 교차시켜 『하이디』의 세계를 깊이 파고든다. 『하이디』를 읽은 사람은 물론, 작품을 보다 깊이 감상하고 싶은 사람에게 있어 좋은 안내서가 되어줄 것이다.

영국 귀족의 생활
다나카 료조 지음 | 김상호 옮김 | 192쪽 | 14,000원
영국 귀족의 우아한 삶을 조명한다
현대에도 귀족제도가 남아있는 영국. 귀족이 영국 사회에서 어떠한 의미를 가지고 또 기능하는지, 상세한 설명과 사진자료를 통해 귀족 특유의 화려함과 고상함의 이면에 자리 잡은 책임과 무게, 귀족의 삶 깊숙한 곳까지 스며든 '노블레스 오블리주'의 진정한 의미를 알아보자.

요리 도감

오치 도요코 지음 | 김세원 옮김 | 384쪽 | 18,000원

요리는 힘! 삶의 저력을 키워보자!!
이 책은 부모가 자식에게 조곤조곤 알려주는 요리 조언집이다. 처음에는 요리가 서툴고 다소 귀찮게 느껴질지 모르지만, 약간의 요령과 습관만 익히면 스스로 요리를 완성한다는 보람과 매력, 그리고 요리라는 삶의 지혜에 눈을 뜨게 될 것이다.

사육 재배 도감

아라사와 시게오 지음 | 김민영 옮김 | 384쪽 | 18,000원

동물과 식물을 스스로 키워보자!
생명을 돌보는 것은 결코 쉬운 일이 아니다. 꾸준히 손이 가고, 인내심과 동시에 책임감을 요구하기 때문이다. 그럴 때 이 책과 함께 한다면 어떨까? 살아있는 생명과 함께하며 성숙해진 마음은 그 무엇과도 바꿀 수 없는 보물로 남을 것이다.

식물은 대단하다

다나카 오사무 지음 | 남지연 옮김 | 228쪽 | 9,800원

우리 주변의 식물들이 지닌 놀라운 힘!
오랜 세월에 걸쳐 거목을 말려 죽이는 교살자 무화과나무, 딱지를 만들어 몸을 지키는 바나나 등 식물이 자신을 보호하는 아이디어, 환경에 적응하여 살아가기 위한 구조의 대단함을 해설한다. 동물은 흉내 낼 수 없는 식물의 경이로운 능력을 알아보자.

그림과 사진으로 풀어보는 **마녀의 약초상자**

니시무라 유코 지음 | 김상호 옮김 | 220쪽 | 13,000원

「약초」라는 키워드로 마녀를 추적하다!
정체를 알 수 없는 약물을 제조하거나 저주와 마술을 사용했다고 알려진 「마녀」란 과연 어떤 존재였을까? 그들이 제조해온 마법약의 재료와 제조법, 마녀들이 특히 많이 사용했던 여러 종의 약초와 그에 얽힌 이야기들을 통해 마녀의 비밀을 알아보자.

초콜릿 세계사
-근대 유럽에서 완성된 갈색의 보석

다케다 나오코 지음 | 이지은 옮김 | 240쪽 | 13,000원

신비의 약이 연인 사이의 선물로 자리 잡기까지의 역사!
원산지에서 「신의 음료」라고 불렸던 카카오. 유럽 탐험가들에 의해 서구 세계에 알려진 이래, 19세기에 이르러 오늘날의 형태와 같은 초콜릿이 탄생했다. 전 세계로 널리 퍼질 수 있었던 초콜릿의 흥미진진한 역사를 살펴보자.

초콜릿어 사전

Dolcerica 가가와 리카코 지음 | 이지은 옮김 | 260쪽 | 13,000원

사랑스러운 일러스트로 보는 초콜릿의 매력!
나른해지는 오후, 기력 보충 또는 기분 전환 삼아 한 조각 먹게 되는 초콜릿. 「초콜릿어 사전」은 초콜릿의 역사와 종류, 제조법 등 기본 정보와 관련 용어 그리고 그 해설을 유머러스하면서도 사랑스러운 일러스트와 함께 싣고 있는 그림 사전이다.

판타지세계 용어사전

고타니 마리 감수 | 전홍식 옮김 | 248쪽 | 18,000원

판타지의 세계를 즐기는 가이드북!
온갖 신비로 가득한 판타지의 세계. 「판타지세계 용어사전」은 판타지의 세계에 대한 이해를 돕고 보다 깊이 즐길 수 있도록, 세계 각국의 신화, 전설, 역사적 사건 속의 용어들을 뽑아 해설하고 있으며, 한국어판 특전으로 역자가 엄선한 한국 판타지 용어 해설집을 수록하고 있다.

세계사 만물사전

헤이본사 편집부 지음 | 남지연 옮김 | 444쪽 | 25,000원

우리 주변의 교통 수단을 시작으로, 의복, 각종 악기와 음악, 문자, 농업, 신화, 건축물과 유적 등, 고대부터 제2차 세계대전 종전 이후까지의 각종 사물 약 3000점의 유래와 그 역사를 상세한 그림으로 해설한다.

고대 격투기

오사다 류타 지음 | 남지연 옮김 | 264쪽 | 21,800원

고대 지중해 세계의 격투기를 총망라!
레슬링, 복싱, 판크라티온 등의 맨몸 격투술에서 무기를 활용한 전투술까지 풍부하게 수록한 격투 교본. 고대 이집트·로마의 격투술을 일러스트로 상세하게 해설한다.

에로 만화 표현사

키미 리토 지음 | 문성호 옮김 | 456쪽 | 29,000원

에로 만화에 학문적으로 접근하다!
에로 만화 주요 표현들의 깊은 역사, 복잡하게 얽힌 성립 배경과 관련 사건 등에 대해 자세히 분석해본다.

크툴루 신화 대사전

히가시 마사오 지음 | 전홍식 옮김 | 552쪽 | 25,000원

크툴루 신화 세계의 최고의 입문서!
크툴루 신화 세계관은 물론 그 모태인 러브크
래프트의 문학 세계와 문화사적 배경까지 총망
라하여 수록한 대사전이다.

아리스가와 아리스의 밀실 대도감

아리스가와 아리스 지음 | 김효진 옮김 | 372쪽 | 28,000원

41개의 놀라운 밀실 트릭!
아리스가와 아리스의 날카로운 밀실 추리소설
해설과 이소다 가즈이치의 생생한 사건현장 일
러스트가 우리를 놀랍고 신기한 밀실의 세계로
초대한다.

연표로 보는 과학사 400년

고야마 게타 지음 | 김진희 옮김 | 400쪽 | 17,000원

알기 쉬운 과학사 여행 가이드!
「근대 과학」이 탄생한 17세기부터 우주와 생명
의 신비에 자연 과학으로 접근한 현대까지, 파
란만장한 400년 과학사를 연표 형식으로 해설
한다.

제2차 세계대전 독일 전차

우에다 신 지음 | 오광웅 옮김 | 200쪽 | 24,800원

일러스트로 보는 독일 전차!
전차의 사양과 구조, 포탄의 화력부터 전차병의
군장과 주요 전장 개요도까지, 제2차 세계대전
의 전장을 누볐던 독일 전차들을 풍부한 일러스
트와 함께 상세하게 소개한다

구로사와 아키라 자서전 비슷한 것

구로사와 아키라 지음 | 김경남 옮김 | 360쪽 | 15,000원

거장들이 존경하는 거장
영화감독 구로사와 아키라의 반생을 회고한 자
서전. 구로사와 아키라의 영화가 사람들의 마음
을 움직였던 힘의 근원이 무엇인지, 거장의 성찰
과 고백을 통해 생생하게 드러난다.

유감스러운 병기 도감

세계 병기사 연구회 지음 | 오광웅 옮김 | 140쪽 | 14,800원

69종의 진기한 병기들의 깜짝 에피소드!
끝내 역사에 이름을 남기지 못하고 사라져간 진
기한 병기들의 애수 어린 기록들을 올컬러 일러
스트로 흥미진진하게 소개한다.